新手必备　曹垒　宗祖慈　杨宇　主编

我们去露营吧！

黑龙江科学技术出版社
HEILONGJIANG SCIENCE AND TECHNOLOGY PRESS

图书在版编目（CIP）数据

我们去露营吧！／曹垒，宗祖慈，杨宇主编. -- 哈尔滨：黑龙江科学技术出版社，2023.3
ISBN 978-7-5719-1751-7

Ⅰ.①我… Ⅱ.①曹… ②宗… ③杨… Ⅲ.①野营(军事体育)—基本知识 Ⅳ.①G873

中国国家版本馆CIP数据核字(2023)第018740号

我们去露营吧！
WOMEN QU LUYING BA！
曹　垒　宗祖慈　杨　宇　主编

责任编辑	张云艳　王萌萌
封面设计	卓印堂图文
出　　版	黑龙江科学技术出版社
	地址：哈尔滨市南岗区公安街70-2号　邮编：150007
	电话：（0451）53642106　传真：（0451）53642143
	网址：www.lkcbs.cn
发　　行	全国新华书店
印　　刷	运河（唐山）印务有限公司
开　　本	710 mm×1000 mm　1/16
印　　张	13.75
字　　数	200千字
版　　次	2023年3月第1版
印　　次	2023年3月第1次印刷
书　　号	ISBN 978-7-5719-1751-7
定　　价	78.00元

【版权所有，请勿翻印、转载】
本社常年法律顾问：黑龙江博润律师事务所　张春雨

■　■　■　与你，遇自然，予我们　

　　翻阅到这本书的你，不知是停留在书架前，还是显示器前，是无意中碰到，还是特意搜索"露营"而来。在为这本书作序时，我想了很多种方式，该怎样向你介绍这本书，就像我们三位编者在编撰初期关于这本书的探讨，为了兼顾可读性和指导性，我们在框架上反复调整，我们三个选择出发的理由不尽相同，但在这本书的宗旨立意上却是一拍即合！我们想通过这本书，寻找与你的一种共鸣，一种在生活理念、方式上的共鸣。这本书可以给你一个出发的理由，可以做你无忧的操作指南，在展现露营乐趣、科普露营常识的同时，更想让你和我们一样，在重返自然中有获得感，感受大自然给予我们的有关渺小与宏伟、生存与长远、平凡与繁华的种种体悟，辨别无矫正的色彩，聆听无修饰的音节，晤谈山河湖海，做万物的旁白者。身在其中，每个人都能品鉴本味，回归原始，终得一帐自由。

　　我们终生都在漫长的自我认知纠偏中，被你急迫催促的事情不一定如愿以偿，想想自己的工作和生活，哪一个不是从实践到优化的过程呢？时间从不紧迫，世界一直都是从容的，急迫焦虑的是我们。我很喜欢坐在公园的长椅上，等一片头顶的落叶，等一阵拂面的风，并为得到这种"专属"的眷顾由衷地欣喜，也常常提醒自己，慢慢亦灿烂。而当我走进自然时，精神会不由得松弛，和朋友们合作和分享，不攀比、不保留；也和陌生人互助着攀登过高峰，分食过一碗羹。面对青山，毗邻湖海的时光，梅子味的晚霞向你奔赴，草莓味的日出夺你视线，每一格的电力都由各类自然元素充满，我满载热爱和感激地回归继续奋斗的城市。

　　开始露营后，从策划流程到搭建一顶复杂的帐篷，你就会明白团队合作的必要性。在尝试过从生火到关心一菜一羹，也许就让你对美味的鉴赏有了一个新维度的认识。它不局限于食材和环境，而是多了份参与感，多了份烟火气。当你陪着孩子花费时间去了解一棵树和它的过去，观察清晨第一滴露珠的诞生到一片秋叶飘然归土，陪伴爱人在帐外一隅等待当天的日落，营灯亮起时，筹划着明天该怎样、在哪里迎接日出，这就是你与"爱"的对话，也会使你意识到自己是身旁的他们最积极情绪价值的提供者，这种身份的获得感是无与伦比的。

你要问什么时候该出发？也许是你厌倦了抬头只有天花板时，也许是你厌烦了每日被催促在不停歇的闹钟表盘间，也许是你们开始为一块水渍争吵在油腻的厨房时，也许是你发现就算星级出品的美食也索然无味时……更或者是一个偶然的清晨，你被窗帘后的明媚叫醒，隔着栋栋楼宇，似乎远眺到了山川，揉着眼睛却还想告诉自己一定不是海市蜃楼。那么，你该收拾行囊了！

当你的手机不再只是联络工具，它成了你感知世界的眼睛和腿脚，甚至成了你的睡伴；当你的游戏机不再只为解压娱乐，它开始占用你过多的休息时间，甚至让你沉迷在一个虚构的世界里；当你的爱人和亲人的言语行动都不再使你满意……这些的种种都在提示，该出发了！我们该一起出发了！

还等什么呢？去找找泥土拱动出的春意里，是否藏着颗蠢蠢欲动的心，在嫩黄的岸边寻一个早至的江南！待到夏至时，你站在林间才能听到树梢摇起风铃的动听，抬头看云朵怎样化了思念落成雨。秋风尽起间，我们在泼墨般绚烂的山林中拾荒，寻找四时不谢之花的浪漫。浸染霜林的季节，皑皑山川间，能与你相拥的必是这世间最滚烫的感情。

在那个晚风吹荡起的芦苇塘，肩披霞光起舞，我不再惧怕未来的蹊径险途，毕竟和你已执手共历过风雪阑珊，毕竟已见证过万物都需启程、相逢直至离别，隔着山海向你道过珍重，踏着疾风对自己说过坚持。掀开帐帘的每个清晨，总会有个声音对我说："准备好迎接新鲜的一天了吗？"我和万物生灵一样，毫无愧疚地吵醒自然，也和自然一样，心怀感激地爱惜万物生灵。

我想我的眼眸明亮，就跑去问满幕星辰；我想我的人生澎湃，就在海浪翻滚间请教怎样不息；我想我的心境明快，就坐到林间感受花开叶落的顺其自然。

是时候出发了，就现在！

杨宇
2022.12.05于北京

目　录

1 露营是一种生活方式

　　露营的兴起与发展 /2
　　在露营中感受自然 /5
　　我们为什么爱上露营 /7

2 露营中的春夏秋冬

　　春季 /13
　　夏季 /17
　　秋季 /24
　　冬季 /29

3 如何开启我们的露营之旅

　　露营之前我们该注意什么 /34
　　我们怎样选择露营地 /36
　　我们怎么建设营地功能区 /43

4 如何准备我们的露营装备

  常用装备及名词 /48
  日归露营基础装备 /59
  过夜露营基础装备 /61
  露营行囊推荐 /72
  如何购买装备 /77
  露营中的安全事项 /78
  露营公约 /81

5 如何选择适合我们的帐篷

  选帐篷别盲目 /85
  帐篷种类大解析 /87
  如何根据场景选择帐篷 /94
  如何选择使用地钉 /98
  如何选择营地 /99

6 如何打造我们的野外厨房

  打造一个户外移动厨房 /103
  食材筹备与储存 /113
  早餐篇 /116
  主食篇 /120
  小食篇 /123
  饮品篇 /126

7 露营穿搭

山系穿搭 /134

Urban Outdoor/136

机能风 /137

复古风 /139

翻开露营达人的衣柜 /142

8 我要我的露营方式

Glamping：一场华丽的冒险 /155

Bushcraft 露营：自给自足的生活场 /159

冰上及雪上露营：零度之下的魅力 /165

Vanlife：一种终极流浪的解决方案 /170

30 岁 Rolling Life：小墨和阿猴的公路生活 /172

9 关于露营的旅行

西南探险之旅 /186

在山与湖之间 /195

沿着海岸线露营 /203

露营是一种生活方式
Camping is a Way of Life

在疫情爆发后的这几年里,"露营"这个名词火速进入大众视野。琳琅满目的帐篷,迎风飘摇的小彩旗,悠然自得的河边垂钓人,永远充满好奇和勇气的探险者……困在家中已久的人儿像鸟儿渴望天空一样渴望回归自然。融入自然,享受被阳光抚摸着的温柔;依偎自然,感受世间万物的平和。向阳生长,让我们收获满满的惬意和浪漫、满满的惊险和惊喜。

如果你正疲惫于城市间、烦恼于平淡寡味的生活琐碎,那么,放下一切,和你的家人、朋友一起去露营吧!

 露营的兴起与发展

露营这个概念对我们来说并不陌生。调侃地讲，我们人类生存的起点就是一场轻量化的露营。帐篷是人类在原始社会最初的房屋，它在流动式生存模式中扮演着重要的角色，特别是作为野外庇护所的功能，对游牧民族的意义更为重大。它不仅是迁徙移居的重要工具，也见证了游牧文化的发展。随着国家概念的形成，帐篷又成了战争的一部分——"营"成为军事和权力的标志之一。

在工业革命前，露营主要满足的仍然是"生存"诉求。直到19世纪70年代后，随着工业化进程的推进，"世界工厂"实现了机械化劳动代替手工劳动。这虽然给人们带来了财富和进步，却并没有降低人们的工作强度，甚至这种"进步"给人们带来了成倍的疲惫和压力。高强度的工作制使往日散漫悠闲的时光不再，短暂地逃离工业、逃离城市的想法越发强烈。于是，承载着重归自然和家庭放松意义的露营作为新兴的休闲娱乐方式逐渐流行起来。

1908年，英国人Thomas Hiram Holding撰写了《露营者手册》，标志着休闲露营时代（recreational camping）的到来。同时，这位露营客的著作《康尼马拉的自行车和露营》，也促成了第一个露营团体——自行车露营者协会的成立。

20世纪30年代，民用家庭汽车开始在欧美普及，第一批露营车也于此后不久诞生。从最小型的折叠拖车到大型的房车，应有尽有，家庭式露营产业自此蓬勃发展起来。

其实，露营的地点、方式都没有程式化的限定，哪怕是家里的小院和街边的草坪，支持露营的公园和专业的营地，人烟稀少的郊区旷野，甚至写字楼前的绿地，"轻度假"露营就是为了放松和感受美好，"在哪里"和"多大牌"没有那么重要。就像而后诞生的风格露营，它的宗旨已经不是为了单纯体验野外生存或追求粗犷不羁，更不会以汉堡、饭团类的简餐应付了事，

1 露营是一种生活方式

这种新兴的露营主义强调美学价值。一群向往着乌托邦式生活的人们开着城市越野，选择近郊或专业露营基地，扎起风格迥异的帐篷，有适合几个人围坐的桌椅，适合烹饪复杂美食的炊具，在氛围感的营造上追求个性，甚至是还原"家"的布置，包括精美的餐盘、咖啡装备、帐前帐后的灯具、风格挂毯、高品质音箱，甚至摆上鲜花、玩具等。在短暂时光里，搭建一个梦想中的乌托邦，逃离纷扰，找到浪漫，找到自我、自由和热爱间的纽带。

从简易的树枝搭建的庇护所到能挡风遮雨的茅草屋，再到拔地而起的钢筋水泥，我们将森林变为城市，最大程度地将野外生存的"不确定性"转为了"安全感"，将狂风暴雨抵挡在了四面围栏外，当然，也隔离开了骨子里对大自然亲昵的天性。

重拾对露营的热情，是对无拘无束的一种向往，也是对崇尚自由的宣誓，这种追求不是对组织纪律的漠视或挑战，只是在高压社会竞争环境下单纯地寻求解放疲惫身心的途径。通过露营，我们重新去感知大自然这个造物

我们去露营吧!

主的神奇,去感叹自身的渺小,从而更深层次地感悟"拼搏""自立",还有"尊重"的重要性。

有人称露营是"搭建在野外的乌托邦"。其实,"乌托邦"多指"美好却无法实现的国度""渴望却不可企及的梦想",而露营带给我们的却是真实的,绝不是一枕槐安的空落。无论是它的载体,还是环境,它所带来的愉悦感和安全感,不会让人逃避现实,相反,你会从中获得一种平衡人生重心和平淡琐碎的智慧,不停地期待、规划下一场出发。

在无论何种形式的露营中,你都会发现感官变得敏锐,情感变得充沛而丰富。

将自己置身山野时,
听得见鸟语,
望得见山黛,
感受得到摇曳烛光下的浪漫。

尽管"即时感受"是乌托邦似的梦幻,"精神内核"却无比实用,获取的是自由,但绝不与社会割裂,玩的是各种风格,做的件件又都是平凡俗事。

在露营中感受自然

我们再换个角度,从"获得感"来看,露营带给我们的可以简单概括为两类:一种是跟大自然学生存,一种是跟大自然学态度。探险类、科普类的露营方式教会我们最原始的生存本领,也让我们看到借助各类工具实现高质量生存的现代科技智慧;亲子娱乐类、特色主题类的露营方式让我们体验不同于平日生活的精彩,认识不同的人,看到不同的生活方式。而不管哪一类露营方式,到头来复盘,都会让你对生活甚至人生生出些感慨:或是摆脱了格子间压力后的释放,或是对造物主的敬畏之情犹生,或是放下了困顿已久的禁锢,甚至是与身边人再次找回热恋的感觉,这就是露营的魅力之一。

记忆里,闪闪发光的时刻总是在行走中,在山巅眺望长白山的天池,等一场和世间情仇的烟消云散;在数万年的原始丛林里跋涉,感知漫漫长途,万物皆有回转。远离闹市的郊外,寻得一小湖侧倚,生炉灶、温黄酒,停驻一刻,方可望远山有顶峰,知近湖有彼岸。

我们去露营吧！

不想太空洞的、太深奥的思索，那就单纯借助露营，让我们看看东升西落的美丽，聊聊匆匆时光里的过往，感慨韶华如驶，抓住那些随影而至的片段，记录下不同于任何一个琐碎时段的浪漫。

白雾弥漫的静谧湖边，手捧一杯咖啡的慵懒时刻，四季的轮换变成了生命中漫长、永不凋零的日光和风雪，一眼看透的清澈湖底，多希望我们的人生也这么透彻；

把盏言欢的夜晚，帐篷、灯光和音乐，使我们仿佛真的有了缩放炽夏寒冬的超能力，多希望生活里全是这样葱蔚洇润的时光；

攀登在雪山高峰上，就算是个独行侠也一样步履不停，多希望挫折前的自己也一样永不妥协。

篝火烘托出的宁静和温暖，是任何现代灯具不可营造的氛围，在旷阔自然下释放的是最彻底的自我独白。相信每一个"我们"都期待一次山崖边的呐喊，一场追逐黄昏的游戏，一次无极限、无终点的奔跑，这是因为万物的"原动力"自始至终都源自大自然母亲。

1 露营是一种生活方式

我们为什么爱上露营

当你在露营,便没有什么事可以打扰你或是争夺你的注意。你从城市里打包了所有珍贵的东西,来到一个虽然陌生却亲切的环境,你说你爱上了露营的什么?可能是露营时那个"为所欲为"的自己。

重建与大自然的联系

我们依托科技不断进步,赋予物以经验和规则,忘记它原始的模样。

我们有了不烫手的火,

有了昼夜不分的光,

插进泥土的除了根,

还有播种的机器。

我们享受着现代化社会的便利,却也发现想象力在衰退,因为我们向大自然学习的机会越来越少,我们创造力的内源离我们越来越远。

我们去露营吧！

露营时，
垂钓不是为了得大鱼，
咬上钩的也许是你想要的人生惬意；
营地上的烧烤不是为了吃饱，
袅袅炊烟中晃荡的是和你一样有趣的灵魂；
海浪间跌撞的桨板，
逐浪的是你我肆意滚烫的青春。

露营时，
我们最富有，尽情地呼吸着新鲜的空气。
在来到这里之前，
你甚至没有意识到新鲜空气是多么的稀缺，
你以为纯净的空气来自净化器！
你以为新鲜是无味的，
结果你发现其实它是有味道的，
是青草香、花香、泥土、水汽等味道的组合。

露营时，
"铃铃"的闹钟声没有了，
早上有啄木鸟叫你起床，
晚上有猫头鹰为你守夜。
你会睡得很安稳，
不会条件反射地从梦中惊醒，
你会感慨：
已经记不得上一次晚睡
不用闹钟叫醒是什么时候。

露营时，
你不需要总低头看表，
不需要设置任何催叫服务，
想要知道时间，

你就抬头找太阳，低头看树影。
你不用去网上搜索星星灯，
因为星辰就挂在你的眉梢。
露营时的月亮低到可以供他哄你说
"伸手就能给你摘"。

这些本是没那么难达到的，是大自然的每一分子都可以享受到的福利，我们该从自然中醒来，而不是被闹钟叫醒。

 重构积极的人际关系

群体型露营最好也最重要的一个作用就是它能够帮助你建立和加强人际关系。分工合作说来简单，但在其中负责沟通、协调、指挥是很考验人的。一次完整的露营活动，从筹划选址、规划行程、配备设备、收拾行囊，再到搭建和后勤保障，这些环节是一个团队共同努力才能做好的。

在人生低谷的一段时间里，无论何种娱乐方式都无法激起我的兴趣，蜷在家中似乎是最安全的。但长时间的自我封闭本就不是群居型动物的天然属性，人当然不例外。架不住友人再三承诺绝不需要我左右逢源似的应酬，只需要出席旁观就好，我走出家门，参加了那次集体露营。尽管身边不全是熟悉的面孔，但奇怪的是，当所有人动起来开始搭建营地，我在那种井井有条的忙碌中竟然找到了久违的安全感和归属感，我的内心一直在喊叫"快去捡柴吧""帮忙找找锤子吧"，甚至当友人介绍我擅长烹饪时，我竟也主动承担了制作晚餐的任务。

慌忙又安逸的两天，我一刻都不曾想起困扰我的禁锢，我忙着帮人照相，忙着煮粥分食，就算静下来，也在忙着感受耳边的风带来的无牵无挂的自由。

摆脱屏幕、放下手机的我们，不需要隔着钢筋水泥猜测彼此。白天，吹着微风的我们面对面围坐，眺望远处青山绿水，烹饪美食佳肴，户外烹调的

1 露营是一种生活方式

食物味道总会更香。

夜幕垂下，我们围拢篝火旁，
没有喇叭和浮尘，
没有霓虹闪烁。

喝到位的大家聊往昔，聊将来，感慨着浩瀚宇宙里的我们渺小而伟大着。聊起年少的我们都有远大的理想，看着老电影中的时光也随着隔壁的溪流流向远方……

 塑造成长型亲子关系

构建生活观：亲近自然的孩子多数都是乐观且勇敢的。家庭露营对孩子来说，不仅仅是一段游戏时光，更多的收获体现在对生活观的理解，还有对家庭纽带感的深刻体会。

和父母共同参与露营的全过程，能够让孩子最直观地感受到自己是家庭的一分子。你会发现收拾行囊使他的动手能力强了，徒步和垂钓使他的感受力强了，他变得敏锐，善于发现身边的细微的事物，惊喜的夜宿森林体验使他的表达能力强了，他开始有欲望向身边人描述每次神奇之旅。

自信地成长：露营中的每个环节都是学习生存技能的好机会，如何搭帐篷、打结、生火、做饭，在野外如何研判和躲避危险，发生了紧急情况该如何处理……对孩子们来说，这是一堂难得的、生动的生存课，一方面让他们感知大自然潜在的危险，一方面培养他们处事不惊的心态，并掌握处理问题的方式方法。

《林间最后的孩子》一书里提到"自然缺失症"，

11

我们去露营吧！

是指在本该接受自然教育的阶段却没能走进大自然而导致感知觉系统发育不够。来自书本的知识固然重要，但从大自然中得到的启迪是最原始的洞察力和感知力的提升。在露营中，你会惊喜地发现孩子们不仅逐渐变得独立，更重要的是对自己的能力增强了信心。他们学会团队合作，学会约束克制，更容易明白迎难而上的可贵。

增进家庭关系：露营的活动因为需要每个人参与各个环节，它可以帮助加强家庭成员之间的联系，兄弟姐妹间，父母和孩子间，通过分工协作完成露营任务。对孩子们来说，露营不仅教会他们构建安全和可控的环境，更重要的是培养他们在不稳定甚至未知的环境中独立解决问题的能力。而对于父母来说，这段不一般的经历将成为让彼此更紧密的家庭纽带和珍贵回忆。

我们是作为一个团队，而不仅仅是父子、母女；作为一个家庭，而不是个人个体，在这样的身份、环境下去体验露营的乐趣，或是生存的意义，能让亲子关系朝着"最可靠、最安全"的方向发展，因为你们是伙伴，是最危险时彼此的依靠。

露营中的春夏秋冬
Camping at All Seasons

春季
Spring

小朋友问我，
到底是春天让树叶开始变绿了，
还是小草叫醒了睡着的春天？
是被湖面下躁动的鱼尾敲醒的吗？
是被破土的花草惊醒的吗？
还是被枝头层出的嫩芽摇醒的……
我这里的春天，
是被公园街头巷尾热热闹闹的贩卖声喊醒的。
商贩们兜售着形形色色的风筝，
开始预售这新一年的勃勃生机。

  不安分的可不止自然界的动植物，还有开始收拾行囊的露营者们。终于可以脱掉厚重的冬装，用一面艳丽的锦鲤小彩旗

2 露营中的春夏秋冬

迎接这跨过寒冬远道而来的温暖和浪漫了。春天的浪漫带给我们的是涌动的生机、觉醒的希望。热爱在这个季节露营的你一定是个极其浪漫的人。

回忆起第一次组团亲子露营就是在春天。约了几个要好的朋友，带上三个小朋友，预订了一个湖边的露营基地。没有做过夜的准备，更谈不上什么露营专业装备，只想着去望一眼寒冬后的荒山冒出的第一抹绿，让小朋友们叫醒还没起床的小鱼。也正是那一次略显仓促粗糙的体验，让我们感受到了家庭露营生活的魅力。

孩子们被地上的虫子、树梢的野果子，甚至是不知名的野花野草吸引着。我们惊叹着营地上各式各样的帐篷和装备，开玩笑地自嘲着虽然露营装备不够，但我们筹办的伙食应该能够拔得头筹。初春的温度不高，又因为带着年幼的小朋友，所以吃食上准备得丰富多样，冷盘热盘，荤素菜肴，应有尽有。

那日直到午后起了大风，才反应过来我们扎营的地段选得多么的失败。虽然挨着湖水，但堵在了风口，狂风四起时，我们成了后面营地的天然"挡风板"。拯救天幕，调整帐篷方向，在风中追逐刮走的衣帽，手忙脚乱的我们带着叽叽喳喳的孩子们，短暂地成了营地的焦点。但就算遭受了这样的挫败，也并没有影响大家的兴致，收拾完残局瘫坐草坪，明明已经筋疲力尽的我们，伴随着"砰""砰"的汽水开瓶声仰天大笑，互嘲着彼此的狼狈。那一刻，精神上的愉悦感远超过匮乏的装备带来的"寒酸感"。

妈妈们和孩子们在湖边打水漂，爸爸们穿梭在各个专业人士的帐篷间讨教。

夕阳落下时，
风停了，
我们一家家围在湖边，
手里换了热茶。
疲惫的孩子们也消停了，
在身边躺得东倒西歪。

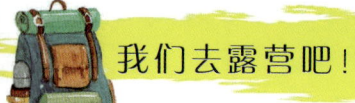
我们去露营吧！

营区内家家都在做着入夜的准备，我们恋恋不舍地准备离开。
隔了很久后，再谈起那次露营，
孩子们的记忆点是那些没见过的昆虫，
对面的山里会不会有野兽，
湖里的仙子为什么没有出现……
而我的脑海里，
总是有一面面色彩、样式不一的小彩旗迎风飘动，
它们或被穿在帐篷前檐，
或插在天幕前的土地上，
或挂在挂油灯的支架端，
或朋克风或日式风，
似乎都在表达着各自主人对生活的一种态度。

啊，
开始憧憬夏日的到来了，
回忆里有姥姥家水井里冰凉的瓜果和
倒映着的童年……

春季季节性特点	
冬季以后五天平均气温稳定超过10℃时开始进入春季。春季植物开始发芽生长，许多鲜花开放，冬眠的动物苏醒，许多以卵过冬的动物孵化，鸟类开始迁徙，离开越冬地向繁殖地飞行。春季在地球上许多地方是最多雨的季节。在中国江南地区有著名的黄梅天气，北方多数会出现大风天气	
特殊事项及装备	TIPS
过敏性疾病：春暖花开，杨柳吐絮，万物复苏。微生物、花粉、杨柳絮等致敏原容易使过敏体质者产生变态反应，可以备一些防过敏类药品	

夏季
Summer

酷热的夏天，往往让人对露营望而却步，原因不外乎怕了帐篷内不对流的闷热，或是户外炙烤的骄阳。其实，现在已经可以借助各类神器和工具有效降低炎热带来的不适感，千万不要错过露营活动最精彩的季节啊！毕竟，冲浪露营、帆船露营等这些主题露营活动只有在海风海浪间折腾着才有激情，溪水边捞鱼也只有在簇簇树荫下才有童趣，伴着烈日开启的冰镇汽水、酒水才有灵魂啊。

一场酣畅淋漓的沙滩排球后，
伴着声声海浪入夜的沙滩，
我们燃起篝火，
造一轮黑夜里的"太阳"。

一次峡谷里的徒步旅行，酷热难耐的你偶遇一条银河似的天降瀑布，那一刻一定会萌生"天选之子"的幸运感。林间闪瞬即逝的身影真的是松鼠吗？试试暂时放下你的"无神论""唯物论"，换一双孩童的眼睛和心情，去看看浓郁的绿色后会不会真的藏着个童话里的精灵王国。

疲惫时，就去林间吧，
相信你一定不会再用"蝉鸣"寡淡地形容夏天。
在野外林间驻唱的乐队可是天花板级别的，
高低音、和弦、伴奏统统都是精彩绝伦的。

乐团的成员也许有你熟识的动物，还有你只在百科全书中看过的图片，更多的是你闻所未闻、前所未见的神奇生物。这乐曲也许来自它们对自然的赞美，更或许是它们对你这位不速之客的议论。

每每在林间穿行，我总会想起很多纪录片中举着长长的收音麦采集大自然声音的工作者，只需倾耳听、轻步走，森林乐团就会毫不吝啬地送上一场举世无双的演出。

我们去露营吧！

　　最难忘的一次海边露营是在新婚时。和先生的几个朋友驱车四五小时，到达了最近的一个临海城市。抵达时黄昏已过，随行的朋友还带了一只"巨型贵宾犬"，为了每次都能带上这个另类的家庭成员出行，他们换了车，配备了车顶帐篷，笑称从不担心节假日的酒店多么难预订，他们拥有着随时出发的自由。那一晚，他们惯例睡在车顶，其他人办理了酒店入住。

　　吃过了晚饭，我们睡不着，我好奇又羡慕睡在车顶的朋友，先生提议不如去海边躺会儿，还能吹吹风。那时还总搞混潮汐涨落的我，兴奋得顾不上带床毯子就奔向沙滩。

　　已入夜的海是诡秘的，
　　海风和海浪不似白日里那样亲切了。
　　那夜的风略大，
　　卷起的浪花打着礁石飞溅在我的裙摆，
　　先生赶快脱下外套让我系在腰间。
　　一个平日里木头样木讷的人，
　　突然的小举动把入夜的那点凉意一下子温暖了。

　　我们四仰八叉大字形地躺在沙滩上，闭着眼睛感受大海。没了视觉冲击，只剩耳朵的感官分外敏锐，滔滔浪声变得震耳欲聋，温润的海风裹着咸腥扑面而来。有先生握着我的手，也不觉得黑夜让人孤单害怕了。那一刹那，我庆幸着、感动着，感谢老天让我们能找到彼此携手一段旅程，庆幸在每一个未知的明天到来前的黑夜里，有他相伴。虽然涛声风声阵阵，却反衬出了一种辽阔式的寂寥。

在我昏昏欲睡时，另一侧的手边似乎有个小生物爬过，我惊了一下，睁开眼还没顾上探明是什么，就先被挂在远处的朦胧月色迷住了。用若隐若现形容似乎不太贴切，"她"藏在迷雾中，"她"随着海风浮动，"她"随着空气里浪漫的气息迷惑着我……那晚让我第一次对"浪漫"有了具象化的认识。

第二日，我们一行人在海边正式开始活动。清晨的赶海和拍日出是常规活动，姑娘们忙着摆拍"吞"太阳，先生们联系一早的渔船想出海。那时还可以把车停在沙滩上，朋友的后备箱塞满了锅碗瓢盆，那时还没有太多露营的概念，装备上更是以实用为主。当朋友拿出菜墩子和大斩刀时，我们下巴都要惊掉了，但也得益于这些工具，让我们在海边实现了美食自由。

出海打上来的海鲜和小鱼杂炖了一锅，车载冰箱里冻着邦邦硬实的烤串，配上在酒店买的杂粮饼子。而我们傻乎乎费尽力气捡来的树枝，因为贴

我们去露营吧！

近海边潮气重，并没有想象中那么容易实现钻木取火，结果就是牺牲了男士们打火机的油，借助打火石一通折腾，终于赶在黄昏前支起了炉灶。

一切的美好出现在夜幕再次降临时，
篝火熊熊，
偶尔有撞进的昆虫发出"噼里啪啦"的声响。
每个人身旁都有知己相伴，
车里的音响放着专属于那个年代的各国金曲，
每一首都能跟着哼唱。

我们同行的几对伴侣都是从年轻时相互陪伴，从意气风发的少年变成如今沉稳有加的职场人。几位先生也都是漂泊异乡的打拼者，在无数挥汗、费脑的工作日里，历尽艰辛，终于能聚在一起，还不是在饭馆，而是在这样一个原生态、一切从简的环境里，突然情绪就达到了破防点。不是泪崩哭诉，而是一种重返少年的释放。他们高声嚎唱，大口吃肉，大碗喝酒。我看着一起走过数年，已经有了抬头纹的先生和朋友们搂在一起唱着那首快要老掉牙的《朋友》时，竟觉得这歌不愧被奉为经典！

2 露营中的春夏秋冬

这场说走就走的小露营之旅，让我们在后来每每身心俱疲时，都有"再来一次"的冲动，但却因为种种因素，再没有聚齐过。

如果你是严谨的科学派，那这个季节物种的多样性、活跃性也是值得你去探寻的。看过太多优秀的学者组团去野外搞科研，专业、学术型的露营，我没有什么经验，但想来别有一番趣味，对神秘的大自然，我们永远保持好奇和敬畏。

生活中，我们不如选择带上小朋友来一场探险，搭配一身酷酷的亲子户外服，一切生活类装备从简，但救急的药品一定不能少。对了，不要忘了小家伙的放大镜、望远镜、昆虫盒。把行囊分成两份，适量地分装物资，让孩子也拥有自己的背包。这个时候，请一定把小小的她/他看作你的战友，作为彼此的搭档整装出发，让小家伙们沉浸式地感受这场奇妙的探险。

在南方的一次日间露营，我们选择了一处半开发的湿地，硕大的背包里有换洗的衣物（因为听说天气多变）、驱虫药、避暑药、止血消炎药（半开发的湿地有部分原始森林，担心会有剐蹭）。那次给小家伙安排了"炊事员"角色，他的背包里是面包、火腿和各种餐具。

进入营区后，还有段不短的路程才进入湿地。在徒步了一阵后，为了保存小家伙的体力，我们回到起点租赁了自行车，再次出发。在那里我们第一次看见红色的蜻蜓和红色的螃蟹，在生物谱上它们可能算不得珍稀，但着实让来自北方的我们"大开眼界"，毕竟在这之前，有限的认知里只有端上桌蒸熟的螃蟹才是红的。

21

我们去露营吧！

在那片不着边际的湿地里，小朋友的望远镜、放大镜被运用得淋漓尽致。他们通过镜头，告诉我们——

蜘蛛的腿毛是有分岔的，不像看上去那样毛茸茸的。

远处的芦苇荡里似乎扎堆着鱼群，因为总是摇啊摇的不停歇。

参天的树干上密密麻麻的生物让人心生恐惧，组成了看不懂的图腾。

有一只破损的小渔船停摆在湿地中央，船头挂着奇怪的黑色旗帜。

小朋友的脑袋里瞬间想象出了一整场海战故事，甚至猜想到黑夜里一定会有海盗模样的骷髅走到船头，成为这片湿地夜里的主人。

我们没有着急向他讲解这种船只的当地习俗，因为他编的故事显然更引人入胜，我们甚至也帮他添了很多细节。当然了，这样的魔幻故事效果导致晚上小家伙被自己编的骷髅战事吓得睡不着觉，我俩又赶快找来文章，认真地为他解释了当地的风俗，打破了他的黑暗童话幻想。

露营过程中还有个小插曲，我们从湿地出来找不到租赁的车子。四周人员稀少，排除了人为盗窃的可能后，我们四处寻觅，终于在附近找到了倒栽葱进稻田的小车子。彼时的它被农作物和各种野花簇拥着，歪歪斜斜地插在地里，不走近看，竟让人错认为是影楼布置的外景。先生飞身而下准备捞车，忘记了附近也是泥潭一样的湿地结构，腿脚并陷，引得我和孩子"哈哈哈"大笑。

2 露营中的春夏秋冬

正在比着剪刀手等我拍照留念的先生突然大叫:"腿陷进去了!""惊慌失措"最能形容那一刻我们这一家子的狼狈样儿。我顾不上挽裤腿,在先生"你别进来"的喊叫声前,毅然决然地滑进泥坑,想要拔他出来。最终,两人双双沦陷。

站在岸堤上的孩子环顾四周大喊着"救命啊"!幸运地引起了路过的农民大哥的注意,搭救了我们。哭笑不得的是被解救后才发现此处的湿地并没有多深,齐膝的高度让我们好似搞了一场拙劣的表演。事后想想自己也是蠢笨,不然沉重的自行车怎么会浅浅地卡在那里,是身陷泥淖的自己失了理智和判断力。

夏季季节性特点	
夏季是许多农作物旺盛生长的最好季节,季风气候是我国气候的主要特点,受海洋气候影响大。总体来说,我国东南部季风区夏季高温多雨,西北地区夏夏炎热干燥,西南高海拔地区夏季凉爽、降水少	
特殊事项及装备	TIPS
营地选址 1.确保上方无滚石、泥石流隐患,避开河道; 2.选择地势较高,略有倾斜的平坦之地; 3.选草地或岩屑地等排水性好的营地; 4.注意蚊虫毒虫	1.树林中选址时,可选有树荫的区域,但要注意避开枯树,以防风雨致其倒塌砸压帐篷;注意树端蜂巢等生物危险; 2.夏季多雨,应避免选在低洼地带和完全平整的地面。在雨季或多雷电区,营地绝不能扎在高地上、高树下或比较孤立的平地上,以免遭到雷击; 3.夏季蚊虫多,避免在死水塘边、茂密的草地湿地旁
卫生方面 1.防高温中暑; 2.防误食腹泻	1.夏季高温,食物易变质,如是家庭式或群体露营,建议配备简易制冷设备,如精简式行囊。建议携带的食品以方便食品为主,例如方便面、饼干或自发热烹饪类食品。瓜果类水果如不能冷藏保管,不建议携带; 2.夏季出行,难免发生中暑情况。轻度中暑,应迅速脱离高温环境,至通风阴凉处。脱掉衣物保证散热,口服淡盐水或含盐的清凉饮料补充电解质。严重时,必须及时接受专业急救

我们去露营吧！

秋季
Autumn

其实，我对四季都有不同偏爱，但北京的秋天给我的心境是最高远的。老舍先生说，北平之秋是人间天堂，郁达夫怀念"陶然亭的芦花，钓鱼台的柳影，西山的虫唱，玉泉的夜月，潭柘寺的钟声"，虽是草木不渐丰盈，层林尽染却见妖娆，这样的北京谁个不爱。

疫情前一年，偶然得知真武庙附近的一处村落被打造成了民宿群。我知道那里四周环绕的都是适合徒步攀登的山峰，想着去见识见识年轻一辈的魄力，也正值秋季，更是馋着房山的磨盘柿子。

一路上，处处都是云在手边，天却高不可攀的落差，让驱车盘山的我们有了一种"追逐感"。路过一座小水库时，孩子们被流光溢彩的河堤吸引，我们的露营之旅就从这半路开始了。这也是我比较喜欢的节奏，不受限于目的地，不拘泥于何种形式，进入了大自然，那就准备着"时刻"去感受、去玩耍。

每年从春季开始，各种滋水枪、捞鱼网就在我家车后备箱安了家，方便随时加入战斗。考察了安全性，我们选了一处下游的浅滩岸边下水，虽然只是一个小水库，但河里的"宝藏"着实不少。河堤里一块块闪着琉璃光泽的石头让河面上泛起粼粼波光，孩子们兴奋地比较着谁捡到的石头是天上掉下来的。我也挽起裤脚踏进河流，立秋的北京总会遇"秋老虎"，头顶的炎热感，被脚面淌过的清凉一扫而光。

玩够了石头，开始捞河里的小虾小鱼。这些小虾小鱼的身体都是透明的，闪电一样游走在河底。一转眼的工夫，爸爸带着小家伙们又筑起了"工事"——用碎石建造了堤坝。也是因为本就是下游窄窄的浅滩，这不起眼的堤坝竟真的拦住了水流的去路，不一会的工夫，碎石间挤满了小鱼虾。孩子们扑腾着、大喊着，终于让人看到了几分我们童年的模样，让我心生欣慰。

小的时候从来不知道羡慕扔石子、捞鱼虾的孩子，到了他们这一代能有这类的活动却算得上奢侈了。

本来打算去吃顿农家饭，玩得过了饭点，便就地扎营，把备着登山要吃的米加点水，和切好的腊肠一起放进铝制饭盒，打开轻便的折叠电磁炉焖煮个十来分钟。菜品就简单得多，提前焯好的蔬菜（抽真空冷冻）加上少许酱油一炒，配上刚出锅的煲仔饭，一顿相当不凑合的午饭就搞定啦！

临近村落，就进入山区内部了，车不再环山而上，感觉是在山间穿梭。只要太阳一落山，作祟的"秋老虎"也跑得无影无踪，还回一个"天凉好个秋"的景色。因为带着孩子，不敢在野外山林过夜。

真武庙不大，也没什么游客，倒是清静。我们入住的民宿就在它50米开外，需要爬一个坡儿，算是个半山腰。短短的坡道上全是不知名的野花，开得极其奔放热烈，和热情好客的阿姨们一起迎接着我们。距晚饭还早，却不建议再上山了，后来半夜里动物们的各种叫声也验证了我们的决定是正确的。

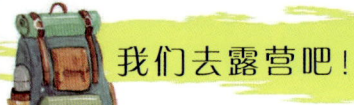

我们去露营吧！

晚饭后，换了轻薄的长衣长裤，一是防蚊虫，二是傍晚天已转凉。出门眺望后山，趁着夕阳薄辉，眼前这番景色，让我想起邓云乡笔下的"夕阳在树，柿叶殷红，山容横紫"。孩子对我说："树上的鸟该高兴得很，柿子就在眼下，饿了都不用飞出去觅食了！"寻常的一句话却让我惊喜不少。

以前的他看树只知树有皮、有叶，春绿秋落，他看小鸟也不曾关心过它窝在何处，如何生存，总之一切的信息都来自各种绘本和广播，他所记住的也是那些每个人都该知道的、一样的知识点。

半夜的后山热闹非凡，虫鸣兽叫不断。我是个胆小的人，有些胆怯，问他是不是也害怕，他答我，"有什么害怕的，我早想到会这样，白天，我们人类出来活动溜达，夜晚了，当然要换动物们出来自由了！就是可惜不能出去看看。我想知道猫头鹰叫得这么大声真的是在给大家放哨站岗吗？还有夜行的蝙蝠真的像书里写的是个雷达吗？"让他这么一说，我竟也有些遗憾没选在山里过夜露营了。

第二日的清晨，我们换上装备进山徒步攀登。早饭时多让阿姨烙了些饼子，来两包榨菜，保温桶装了粥，就这样出发了。哦，对了，这次小朋友的角色是"医护官"，负责收拾和背负应急药品。

在户外登山，绝不是你在哪个旅游景点拾级而上能体验的感觉。攀登本身会给你一种原动力，你抬头上望的和在内心投射的，是不一样的风景。我有想登山露营的冲动，很多时候是为某事陷入了死胡同，或是终于要去放弃某个执着过的点。攀登在我心里的投射是一座难越的峰，一份不值得的固执。

这里的山峰为露营客们规划好了两条路，一个牌子写着"游览路线"，一个牌子写着"徒步攀登线"。徒步的栈道明显凌乱野生些，问了小家伙的意见，他义无反顾地选择了困难模式。

虽一早便出发，但还未到晌午，"秋老虎"就再次下山，酷热难耐，还好我们思虑周全，一个保温桶是温粥，一个保温桶存着冰水，不可大口饮，小口啜吸，解热解渴。

攀登线路的道路有些崎岖，虽有前人踏出的窄道，但植物丛生，仍需要披荆斩棘似的开道前行。这样的环境不适合我这种胆小的人，但好在长衣长裤、登山鞋的装备，让我不至于在遇到各种爬虫时惊慌乱窜。这一路，除去各类甲虫，远远地还碰上了一条不细的蛇。战友和孩子惊喜万分，拿着望远镜观察细节，手机比对品种，我庆幸着北京的毒蛇种类少之又少，可也不敢再多看一眼。

爬到一半，我已迈不开双腿，在石头上喘息。小家伙拿出碘伏棒在我剐蹭的手背上涂涂抹抹，对我说："妈妈，是想放弃了吗？我也很累了，可是山还那么高，定的目标还有那么远，现在回头，之前的路也白走了！"我一时羞愧难当，这是我昨晚怕他不肯吃苦，给他做的心理建设，反倒用在了自己身上。"来！我带的创可贴有小公主图案的，还有猫和老鼠，你来选！贴好就加好油了！"

27

我们去露营吧！

就地午饭后，想起昨夜热闹非凡的音乐会，估摸着赶在日落前到达山下，换这山上的"主人"们出来玩耍。我们调转方向下山，走到一半碰到标识指向游览路线，看着体力已近极限的小家伙，我们换到了简单模式，有台阶、有树荫的路线果然轻松很多。突然，"啪"的一声，两三步前砸下一个橘色"炸弹"。只顾说笑的我们这才有空抬头向前多望了一望，原来走到了柿子林区域。

前面的道路像刷了斑驳的橙色油漆一样，踩上去黏黏的，都是砸落的柿子。上山前店家阿姨就告诉我们，这上面有野柿子林，可以摘，甜得很。我们来了劲儿，登山杖是个好家伙，打柿子方便得手到擒来。背包里没有地方，各自的帽子当作筐，就这样收获了十几个硕大的柿子。迫不及待地用衣襟使劲擦了擦，咬开个小口，使劲一吮，啊，香甜啊！

就这么一次简单的露营，让我更坚定要把空闲的时间还给孩子和自然。

秋季季节性特点		
秋季降雨、湿度等趋于下降或减少，昼夜温差较大。初秋期间天气多闷热，仲秋后明显干燥、凉爽。显著的天气现象是华西秋雨、南方寒露风、霜冻及低温冷害。		
特殊事项及装备		TIPS
服装方面	1. 短袖、T恤； 2. 轻薄长裤长袖	昼夜温差大，做好保暖措施

冬季
Winter

冬天的露营有什么乐趣？在很多地区都意味着沉寂和冷清，"受罪大于享受"是很多人对冬季露营的主观臆想。在我未尝试过冬季露营时，脑海中浮现的也全是莱昂纳多《荒野猎人》里马肚取暖、冰河漂流等场面。

冬季活动所面临的最大困难就是徒步和露营中的低温。徒步过程中因为寒风和冰雪的湿滑，容易造成危险。而因为帐篷种类的选择错误或是取暖装备的不足所导致的低温容易造成失温和冻伤。可能南方还好，那里的冬季活动不像北方受环境影响局限性那么大，尤其在四季不太分明的城市更是可以全年肆无忌惮地拥有舒适型体验。不过，现在户外装备的专业性已经很大程度地降低了这些因气温造成的困扰，只要我们稍做些功课，挑对设备，也可以无论何时何地尽情体验露营生活。

经历了从春到秋都在找寻避暑阴凉的旅人们，在冬季出行时会觉得连夜幕上的星光都是温暖的。《沁园春·雪》写尽了冰雪王国的磅礴气势，在皑皑的长城冰雪中坐拥一个暖炉的场景值不值得向往？

冬季的夜来得早，比起逍遥在长长白日的另外三季，在这个季节会让人体会温暖的重要性，也会让你彻底领略黑夜对情绪的"掌控力"。

其实，冬日露营的最大乐趣，也是在早早送别黄昏后才进入高潮。添完柴火棍已经冻得鼻头发红的我，抖掉身上的雪钻进温暖帐篷的瞬间，满心欢喜着自己多么"幸运"。先生递过来一杯刚从暖炉上温好的奶茶，杯里还漂浮着小块姜片，让人看到了"幸福"的模样，就连发梢化掉的冰雪滑进嘴边都是甜的。

我们蜷缩在毯子里，守着暖炉，在帐篷上投影一部老电影，听着外面风雪声，不知几时睡着了，又不知多久被暖炉上烤熟的地瓜香馋醒了。发

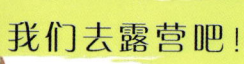

我们去露营吧！

现毯子层层地卷在自己身上，枕边人却不见了，隐约看见帐外的篝火又旺了些，便也起身出来看，果然，他听见身后动静回头，举着个瓶子，对我笑着说："都忘了咱们埋在雪地里的啤酒了。"那一刻，如果你没忘记抬头看星空，一定会感谢大自然馈赠的这份超越温度的"温暖"。

当然，温馨的时光片段是人与人之间相处得来的，冬季露营的可贵之处还在于让你别忽略了因寒冷而倍感珍惜的东西。历经的黑夜越漫长，就越渴望曙光的到来；恐惧于森林里那些诡异的嘶吼时，就越知道平静、祥和的珍贵。比起格子间的压抑、家庭琐碎的矛盾，大自然中真正地"生存"才是多么不易。无知和渺小才是人类面对的永恒难题，而"心怀敬畏"和"步履不停"是保证人类得以进步的永恒主题。

书上写"岁月流淌自有它的道理"，面对万物百态，四季流转更替，睡在春光和夏日，醉在晨风和朝阳，我竟为光临这星球突生出一丝自豪。总是对下一场旅程无限憧憬，又该在哪一季踏入哪一条河流……

冬季季节性特点

我国幅员辽阔，冬季气温南北方差异较大。北方冬季受蒙古西伯利亚的冷高压影响，常有寒潮，越往北部气温越低，寒风越明显，冬季几个节气间，气候变化不明显。下雪是北方冬季的主要特征，也是北方冬季旅游一景。南方受来自海洋的暖湿气流影响，冬季大多温和。但自冬至节气起至进入三九天后，强冷空气南下频繁，气温骤降，天气寒冷。

出行前要注意天气变化，遇严寒或不可预测的恶劣天气预报，不要心存侥幸，安全第一

	特殊事项及装备	TIPS
营地选址	1. 避风向阳处，日照时长较长的地方； 2. 避免选择冷空气堆积的地段，例如峡谷、风口； 3. 确定地面无塌陷风险	
服装方面	保证服饰的防风和透气性能	1. 内穿速干型紧身衣，中层加绒类保暖衣，外层抗风功能冲锋衣； 2. 多留一套干衣和一双袜子备用； 3. 冰冻的手脚只能轻轻揉擦，用火烘烤会使血管麻痹、失去收缩力，出现动脉瘀血等危险
	鞋袜等配饰不容忽视	1. 保暖三剑客：袜子、帽子和手套。推荐保暖性好的羊毛袜，为了舒适，可内穿一双棉袜； 2. 如果帐篷无法保证取暖效果，服装可放在睡袋里，保持干燥。另外，不可穿着鞋子烤脚，不但不易烘干，反而会使鞋内潮湿，再外出时易凝结成冰，冻伤脚
	睡眠系统，睡袋为首选	1. 选择可以抵抗低温的睡袋。在帐篷里过夜，首选木乃伊形的睡袋。这种睡袋不仅可以紧密地包裹住身体，保持温度，而且它的尺寸比长方形睡袋要小一半，便于携带； 2. 材质上，羽绒类最轻便，保暖性佳，但潮湿后易结团。人造纤维类的睡袋兼具了保暖和易干等优点，还具有较高的蓬松度和压缩性，并且不易引起过敏； 3. 如果对睡眠质量有较高要求，睡袋下面可放垫子，要注意 R 值（热阻）
饮食方面	高热量、速食快餐为首选	1. 冬天户外烹饪需要的燃料更多，时间也会更长，建议携带半成品或快餐类，速食热汤是不错的选择，满足便捷烹饪和驱寒的需要，防止失温和脱水； 2. 为了保证身体所需热量，尤其带孩子一同出行时，可携带巧克力、压缩饼干、干果等小零食

如何开启我们的露营之旅
How to Start Our Camping Trip

露营就像在平静的湖面投了一颗石头,
给平淡激起了水花。
拾柴、燃火、垂钓,家和山川湖海只一帘之隔。
露于山谷中,饮自山泉水,举杯舀清风,眼眸盛星辰,
这样的时光,哪怕偷得片刻,
也会让平凡的生活获得新生机。
今天不去菜市场,不批改辅导作业,
把加班的文案留在家,我们去露营。

我们去露营吧！

露营之前我们该注意什么

露营的分类方法有很多种，根据所处环境的不同，露营地可划分为以下六种类型：

山地型露营地、海岛型露营地、湖畔型露营地、海滨型露营地、森林型露营地、乡村型露营地。

按照露营的目标性来分，大概可分为：

科普类、野外生存探险类、亲子娱乐类、风格露营等。

选择营地需要参考的因素很多，推荐新手最好选择专业的露营基地。营地设有配套成熟的基础设施，也会按照环境划定好各自功能区，就算是自带帐篷，需要考虑的其他方面也相对简单些，最重要的是安全性上相对有保障。而对于进阶型玩家，可以选择野营地进行露营活动，那么需要注意的事项就比较全面，例如扎营的选址、附近功能区的划定等。不论选择哪种营地作为露营的目的地，都有几点事项需要提前做好准备。

3 如何开启我们的露营之旅

🔥 了解营地情况

如果决定去专业的露营营地，应提前对接营地管理者，多数露营营地都采取预约制，一方面避免人满为患降低体验感，一方面也便于营地管理维护。不妨将自己关注的问题提前列好清单，例如车辆是否能进场、收费标准、营位基础设施配置等。还可以通过网络多搜集营地的相关口碑，这点也适用于选择野营的露营客们。尽可能多地整合问题，参考大家意见，虽然营地没有完美一说，但通过罗列对比，一定能选择到最适合你的。

🔥 关注天气预报

露营是户外进行的活动，受天气影响最大。在选择露营目的地时，一定要考虑到天气对营地地形和大环境的影响，要以"安全第一，娱乐第二"为总原则综合考量。例如雷雨季节，暴雨易引发泥石流、山洪等自然灾害，就应尽量避免选择山系露营，尤其要多关注露营地当地是否有泥石流等自然灾害预警，以及河流上游地区的天气、水文情况。

🔥 购置露营设备

询问完露营地的相关配套后，就可以进入大多数露营客最喜欢的环节——买买买！但以我后期的经验来看，新手"小白"们尽量控制购买欲，不要被各类软件的推广乱了方寸。只要是营地能够提供的，暂且可以不购置，去体验下营地配备好的装备，你就能更直观地知道哪些方便好用，哪些鸡肋无能。尤其是运营成熟的品牌营地，他们在装备上的选择更有代表性和经验，哪怕是相关品牌赞助，你也可以好好体验后再买。而且通过对四周各个营位的观察和交流，你的购买清单会更明确、更高效，少走冤枉路，少花冤枉钱。

当然，如果营地配套不够齐全，或者你想体验自己动手的乐趣，那也未尝不可。列出必需品，比如帐篷、桌椅、寝具类，再结合出行季节和目的地

我们去露营吧！

地质情况，根据不同装备参数，尽量选择大品牌、质量有保障的，且尽量能保证高频率使用的物品。

提前了解交通情况

选择好了心仪的营地和装备后，就要考虑出行问题了。首先，确认到达营地的最短距离和出行时段的交通状况，以免把宝贵的时间浪费在路上。其次，因为露营本身还要耗费体力进行行囊搬运、扎营、做饭等活动，如果车程在2小时以上，会消耗一定的体力和精力，导致露营体验变成了一桩苦差事，须根据自身情况选择目的地。如果是和小朋友一起去露营，一定不要忘记备些零食和应急尿袋类卫生物品，还有用来消磨时间的绘本、故事机和小玩具等，小朋友可没有那么多的耐心安静地陪你驾驶。

检查车况

这是一个最容易在出行前被遗忘的事项。在露营前，给爱车做个检查吧，尤其要去翻山越岭的露营客们，不要忘记检查轮胎、发动机、机油等，不要因车辆故障而影响露营进程。还要牢记车辆救援电话，万无一失地出发，确保旅途有个好心情！

 我们怎样选择露营地

接下来就为大家简单介绍一下正规专业的露营地和野外露营地选择上的基本知识。

正规专业的露营地

对于"小白"的第一次露营，尤其是第一次过夜露营，强烈推荐选择

3 如何开启我们的露营之旅

已经成熟的露营营地，既可以轻装上阵，全身心享受露营的乐趣，也可以避免不必要的开销（购买大量设备）。你可以搜索下载一个本地露营营地的APP，全面掌握附近露营营地的基本信息。如果没有相关小程序，那就要提前致电营地管理者，询问好相关事宜。需要特别关注的例如开闭营时间、日间露营和过夜露营的收费标准、需要自带哪些装备，以及营地基础保障设施有哪些。

运营成熟的营地在配套设施上一般都已模式化，像大家比较在意的水源、火源、洗漱区以及配套电源等需求，基本都会在营地筹建时就已考虑周全。做得更好的营地，会根据营地自身地形和环境，分割出适合各类玩家的分区。新手和家庭亲子式露营被安排在临近大本营的区域，帐篷等基础设备一应俱全，拎包入驻，充分享受乐趣即可；而对进阶型露营玩家，则提供半自助式服务，提供大片平整的空地，供玩家选择扎营地，共享营地中的基础配套设施；而对高阶玩家，例如山系露营，营地管理者一般会圈画出山顶或密林等区域，让玩家实现纯粹的DIY露营体验，并独立完成功能分区的构建，虽谈不上荒野求生的难度，但也绝对算得上一次野外生存的挑战。

37

我们去露营吧！

选择专业的露营营地比较简单好操作，下面是为大家列举的一些注意事项。

新手露营小 TIPS		
	事项	TIPS
交通	初次露营，尤其选择周末或节假日活动，往返车程过长会影响期待感，降低体验感；另外，难免会因经验不足或水土不服等导致身体出现紧急情况。选择营地时应考虑到附近医疗配套情况	车程距离市区或医疗救急点不超2小时
生活便利	初次露营难免在装备上会考虑不周，在营地选择时，最容易忽视的也是最易降低体验感的，就是生活必需和卫生区的配套设施	确定好是否有卫生间、淋浴间，是否提供水源、电源
用火	火源的管理限制，一是会影响餐饮筹备工作，二是会影响夜间活动安排； 不同定位的营地，在火源管理上不尽相同，像公园或市区内的草坪类的营地，一般禁止一切火源； 不同季节营地在火源使用上也有限制。例如秋季，山系营地考虑防火等隐患，多数也禁明火	提前联系营地管理者，了解火源使用的管理要求，明确是否可以生明火或使用卡式炉，夜间是否可以设置篝火。 另外，需要特别注意，不要"经验论"，出于安全考虑，营地管理要求会因季节变化而变更
营位选择	在专业的露营营地，也不意味着一劳永逸，还有许多需要自己选择的。例如营位的选择，根据自己想要的体验感和目的性结合营地地形环境和配套设施选择适合自己的营位	日光强烈的季节，选择有树荫的位置，但不要贴近密林或死水塘，蚊虫出现概率大； 确定好洗漱区和卫生间等便利设施的位置，虽然离得近使用方便，但也要考虑这些便利设施周边人流嘈杂； 是否有外接电源的需求，问清各个营位是否有独立电源，不然需考虑接线长度； 确定营位是否处于风口，是否平坦无坑，搭建帐篷前注意清理地面上的碎石、树根等，以免影响休息

3 如何开启我们的露营之旅

新手露营小 TIPS		
事项		TIPS
亲子露营	首先要确定此次露营主要体验内容，是体验戏水抓虾，还是徒步攀登，抑或是依托现成的游乐设施； 其次要确定好是否过夜，评估好自身是否具有搭建帐篷的能力和配套的相关装备； 最后营地的选择上，带宝贝们本身就耗时耗力，就不要把过多的精力花在打地钉之类的体力劳动上了，尽量选择专业的石子地、草场，有条件的最好在木板地营地上，避免雨天搞得满身泥巴，影响体验感	询问好营地有哪些适合亲子活动的设施，附近环境适合哪类活动，例如徒步还是亲水； 如过夜，孩子的抵抗力和适应力都不如成人，在没有丰富经验的条件下，一定要了解营地昼夜温差、营地基础硬件配套等情况，在衣物携带及饮食上，要针对孩子的情况特别注意； 小药箱一定要有治疗腹泻腹痛、外伤、过敏等应急药品

野外露营地

如果你选择了野外营地，那你一定是具备了一定的露营经验和基本野外生存常识，但就算是这样，进阶型选手的你也一定要慎重并提前筹划相关事宜。

野外露营不再依赖营地、旅社等现成的人工设施，更多的是依靠自身经验和装备，锻炼生存能力，毕竟只要不是大神级的选手，野外露营的体验感就不会那么轻松。

在陌生的野外，通常是一时无法判断出潜在的所有危险，为了降低安全风险，一定要在日落前留出充裕的时间来寻找扎营地，多花点时间勘查四周是十分必要的。不妨以日落时间为准，倒推事项来规划时间表。日落前，帐篷要搭建完成，晚餐也要准备就绪，这两项工作如果只有一组人马，则至少需要花费2小时。然后，需耗时1小时勘查营地四周，这样算下来，如果日落时间在下午6点，那么下午3点左右就应该停止前行，必须着手考虑扎营的事

我们去露营吧！

项，并且在午后行进过程中就应开始注意线路上合适的营地位置选择。需要提前考虑到经过一天的徒步跋涉，很难再有充沛精力单独去四处寻觅合适落脚的营地。

最理想的野外营地应该有树荫遮蔽，但不会有枯树倒塌、遭受雷击之虞；应靠近水源，但不会有水漫金山之虞；选山谷侧边，不可在峡谷当中；地面扎实、平坦且排水良好，空气流通，但不迎风而驻。下面几个小建议供大家参考。

驻地环境选择：两近一远注躲避

近水

驻扎地要选择离水源较近的地方，尽量选择水流的上游且远离野生动物用水区，这样既保证炊事用水充足，又能提供清洁洗漱。但也要注意两点：一是雷雨季节，不要在河滩及溪边地带建立营地，河岸内侧地势通常较低，水流较缓，易造成泥沙淤积而导致地质软烂泥泞，落脚易陷入淤泥；二是不可选在水渠、泥石流四周，注意观察有石块堆积被土壤包裹痕迹的地方、泥石流痕迹明显的沟道，这些是识别发生泥石流的主要标志。更为简单的办法是，在临行前多注意目的地地质灾害的预报和高危路段。

近人和村落

对于野外露营体验的"小白"们，保持通联、对外联络便捷是保证安全的基本守则。营地选择应首先注意与最近村落或有人烟地域的距离，测试手机或对讲机等通联设备是否有信号，保证在遇到危险时能第一时间得到救援，物资匮乏时也可及时得到补充、救济。

远离山崖

营地的选择如果在低洼地带，要注意你的上空安全问题。抬头观察，上方不可有山崖，不可有枯树，不可有马蜂窝等动物巢穴，一旦有大风，会有高空坠落重物的安全隐患；确保无滚石、滚木以及风化的岩石。注意观察四周，一旦发现四周有岩石散落，绝对不可在此扎营，否则有安全隐患。

3 如何开启我们的露营之旅

注意躲避

避蚊虫。驻扎地一定注意不要选择死水、池塘边或是茂盛的植被旁，这些地方虽然近水源，但蚊虫滋生，易积水，而且多数水源不可饮食、取用。避走兽，在巡查周围环境时，还要格外仔细观察附近是否有大型动物足迹、粪便甚至巢穴（地面上的孔状巢穴多是鼠蛇地带），以防出现伤人或者损坏装备、设施的情况。如果选择野外露营，必须要有驱蚊、驱虫药品等防护措施，并且在选品时关键要注意"户外""野外"专用，家庭级别的药品效用不高。

避不洁地

要注意选择的营地四周环境是否清洁，没有异味和污物的堆积，一方面可以确保不会招引喜爱腐食的动物，另一方面也可保证露营良好的体验感，毕竟睡在垃圾堆旁不是什么享受的事儿。

扎帐篷地形选择：一高一平两通

选好驻地就已经为野外露营打下了最重要的基础，划分功能分区中最重要的一件事就是扎帐篷。搭建驻地的"大本营"应该注意哪些事项呢？

一高

一高是指驻地的选择应优先考虑地势相对较高处。其实，对海拔高度没有硬性标准，仔细勘察地势，理想帐篷搭建地点应该满足视野宽广，不受山洪、落石等威胁的基本要求。尤其是靠岩石壁越近的地方越要慎重，尽量避免在凹状的地方扎营。

很多露营老手都会倾向于将帐篷扎在山脊上，可以俯瞰或远眺风景，而且上空空气更新鲜。但对于新手来说，要注意海拔不可太高。高凸地的风势较强，噪声也较大，尤其夜间会影响睡眠。此外，对帐篷质量也是一种考验，在高海拔处搭建帐篷，四角一定要放置重石压制。

我们去露营吧!

雷雨天更不要在山顶或空地上安营,以免遭到雷击。可以选择在低海拔地区,危险性要小得多,例如宽大的河岸附近,平坦干燥的沙地也是不错的选择,但河道旁扎营一定要注意水势和天气,不可在汛期扎营此处,更不可选在峡谷或夹缝地势中。

一平

一平是指地势平坦略带斜坡。平坦是为了舒服,略有角度是为了防积

水。可以选择在厚实落叶上或者扎实的土壤上，如果在海边就选择距离适中的沙滩或者石堆旁的沙滩上。这些都是搭建营地的好地方，帐篷再铺一层防潮垫子用来隔绝潮气。

在搭建帐篷前，一定要用脚多踩踩，确定地面硬实而平整，不会有凹陷或坑洼不平的地方，还要确保没有树根、草根和尖石碎物，以防划破帐篷或者戳伤人。

两通

两通简单来说就是通风和通水。所谓通风，是说空气流通性好，不是迎风而立。营地分区中要有能够避风的地势，例如山丘的背风面、岩穴或山脊的侧面等。一方面降低风带来的"寒"，另一方面保证用于取暖、做饭的篝火能正常使用。拿片树叶找准风向，帐篷的进口，也就是帐篷门要选择在背风之处，帐篷内要保持空气畅通。还要背离搭建的卫生区，以防异味。分清驻地方向，可把帐篷面朝向清晨的阳光，观感更好。

通水是指排水性要好，尤其在雨季，地面排水的性能十分重要，不但要注意避免搭建在低洼地带，平整无坡度的地面也尽量不要选择。同样，要避免选择被压得很结实的土地来搭建帐篷，就像家中黄泥质地的盆土不容易被浇灌一样，这种地质过于"瓷实"会导致雨水不容易渗入地面而囤积在地表。就算是在旱季，也要注意不要选择在干涸河道上扎营，突发的降雨就有可能让这些河道恢复成一条湍急的河流。无论哪种地质，为避免夜间下雨，在篷顶边线正下方挖一条排水沟引导水流，可以降低帐篷被淹的风险。

我们怎么建设营地功能区

营地选择好后就要开始规划营地建设啦。尤其是在野外露营地，需要自主合理设置各类功能区，整个营地的建设尤为重要，可以简单分为三步规划大本营：

我们去露营吧!

🔥 第一步：做个大扫除

圈定好整个区域，打扫干净石块、灌木丛等各种可能会刺穿帐篷、划伤人的东西。

🔥 第二步：做个大规划

一个营地基本上可以划分为六个功能分区：住宿区、用火区、就餐区、娱乐区、盥洗区、卫生区。

住宿区，就是我们的帐篷宿营区域，上篇已经详细讲述了怎样选址，这里不再赘述。

用火区，该区应注意和住宿区的距离，要注意风向，以防火星飞溅至帐篷，还要格外注意远离附近草丛灌木，拾来的干柴应当堆放在营地外侧。

就餐区，该区可以离近用火区设置，方便烧饭做菜。

娱乐区，该区只要求场地平整即可，清理好营地上绊脚的东西，与用火区隔离好，以免发生危险。

盥洗区，营地的用水要区分饮用水和生活用水，上段为食用饮水区，盥洗区应设置在水流下段，尽量不要使用清洁类产品，保护水源和生物。

卫生区，野外宿营需要自建厕所，卫生区应当建在营地的下风且背风处，挖一个30cm×50cm，深约50cm的土坑即可。预备一些沙土，方便掩埋排泄物及卫生纸。露营结束时，要做好标记，以免给其他露营客带来不便。

3 如何开启我们的露营之旅

🔥 第三步：做个无痕清理

20世纪60年代，"户外露营"呈爆炸式增长，露营客们留下了大量垃圾，被称为"苍蝇露营（fly camping）"。而后公园、河流、荒野地区等露营地的承载能力开始得到人们关注，直到美国林业署提出"无痕旅游"的概念。20世纪90年代，正式归纳为"无痕山林"，现今已延伸为"无痕露营"。当露营把我们带回到大自然怀抱后，不要忘记我们只是客人的身份。

"无痕露营"包括7个原则：

1. 事先充分地规划与准备；
2. 在能承受的地点旅游及宿营；
3. 适当地处理垃圾；
4. 勿取走自然中的任何资源与物件；
5. 降低营火对自然的影响；
6. 尊重野外生物；
7. 尊重其他旅行者的权益。

在这里提出几点实操小建议：

确认露营目的地：包括确认气候环境、地理环境、民风民俗、行进路线以及必需的户外知识。

不要选择脆弱、难以恢复的地表露营：包括不砍伐树木，不开辟新道路，不选择脆弱植被地表。

要远观不亵玩：包括尊重野生动物的生存习性，不随意折损植物，不污染水源，对自然的美景多用眼睛和镜头记录。

把你走过的路、到过的地方，保持如同无人到访：勿留下任何人类的影

45

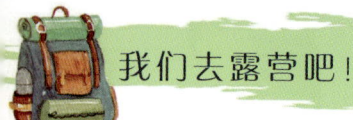 **我们去露营吧！**

响，清除掉你曾待过的所有痕迹。纸类等可降解垃圾可以焚烧后就地掩埋，避免使用过多一次性产品，如果有塑料瓶、易拉罐甚至是电池等有害垃圾，请装入垃圾袋带走，不要随处丢弃。

在野外露营，如需清洗餐具类，不适用清洁类洗剂，以免伤害水中生物。可以先用沙子或布来擦拭残渣和油污，用河水简单冲洗即可。

减少火源的使用：可设置燃烧桶，使用枯树枝等作为燃料，降低对草坪的破坏，撤营时再三确认将燃火彻底熄灭。

合理使用营地：不制造噪声，文明露营。

如何准备我们的露营装备
How to Prepare the Camping Equipment

对露营这件事的"懂行",大概是从了解露营装备开始的。每次出发前的行囊准备,都能看出露营者的"渐入佳境":舍弃某些鸡肋物品、逐渐进行优化,或根据特定的气候环境选择携带什么,一切全凭过往经验。

但对于露营新手来说,面对如今商家蜂拥而至的露营装备市场,不免眼花缭乱。未接触过的专业术语,各种不认识的国内外品牌,以及同类商品之间价位的天壤之别,都提醒着我们:在装备的选取上,需要理性。

买错最贵。其实遵循露营达人们的心得就会发现,一件露营好物不在品牌与价格,而是通过一些指标来衡量:
是否够轻量
——越来越多的玩家们将"轻便"纳入第一考量;
是否易于折叠
——请考虑你的背包大小及出行工具,设想可放置的空间;
性能如何

我们去露营吧!

——购买者往往注重产品美观而忽视各种性能参数,但后者在户外环境中反而最为重要。请格外留意其材质、面料、防紫外线、防渗水性等方面数据

是否耐摔、耐用

——在户外,你会发现一件经得起"折腾"的装备是多么可靠。

且放慢你跃跃欲试的脚步,先了解一些露营装备的入门知识吧。

 常用装备及名词

 天幕

"一幕一帐"是如今大多休闲露营的固定搭配,"帐"指帐篷,"幕"则是天幕。天幕除了可为白天的露营活动遮阳挡雨外,还承担着增添氛围感的功能,让你的露营场景构建得更为完整。如果说帐篷是"卧室",那么天幕即"客厅"般的存在。此外,天幕的玩法很多,一些资深户外玩家可通过改变搭建方式,将天幕变成一个临时的庇护所用来过夜。

市面上出售的天幕款式多样,对应不同的搭法,可根据自身喜好选择:

方形天幕

露营中常见这种四角形天幕,呈规则矩形,轻量且简单易搭,也可通过增添或减少天幕杆,玩出不同搭法。缺点是抗风、防雨性一般。

蝶形天幕

蝶形天幕常见四角形、六角形、八角形等,展开后状似蝴蝶,相比方形天幕,搭建较复杂,但它的抗风能力也较强。

异形天幕

市面上这类棚形、尖塔形或其他不同形状的天幕往往较大,可容纳人数

4 如何准备我们的露营装备

更多，适合团体活动。它们更为稳固、抗风性强，却要牺牲一定的灵活性。

在选购天幕时，可从其材质，如棉布或涤纶，及其涂层的防紫外线、防渗水等参数来进行考量，可在重量、功能性上择取最优选。还有一个考量因素是其搭配的天幕杆的材质。天幕杆即撑起天幕用的杆子，一般为几节拼接

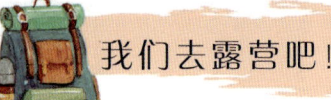

我们去露营吧！

而成，有木头、镀锌铁、铝合金、碳纤维等多种材质，相比之下，镀锌铁的杆子承重佳但也更重，铝合金和碳纤维更轻、便于携带，且韧性足、支撑性好，介意重量的玩家可选后两种。

 炉子

通常深秋及冬日露营会使用到炉子，炉火不仅能保暖、维持空气干燥，也为严寒中的露营营造出一种趣味和温馨的氛围。

煤油炉

通过燃烧灯芯上的煤油产生热量向周围散发热辐射来提升温度的炉子。煤油炉加热速度快、加热面广，并且现在多数油炉顶部还带有加热食物的设计，可一物多用。煤油有一定气味，使用时需注意通风，及时散去气味，防止一氧化碳中毒。

柴炉

许多露营玩家也喜欢在营区捡拾树枝、枯木等作为燃料，利用柴炉取

暖,火花在炉中"噼啪"作响,驱走寒冬时节的冰冷。有些露营玩家还会将红薯、栗子等食物丢进炉腔中烧烤,增添一种野趣。柴火炉虽热能覆盖面广,但需搭配带有烟囱口的帐篷,且对生火技能不熟悉的新手来说,使用有一定难度。

气炉

气炉以气罐为原料发热,燃料易获取、携带且操作简易。它的缺点在于气罐的成本相比木柴、煤油等燃料的成本较高,且加热功率低,辐射面有限。

小型电暖

在户外电池设备的普及下,将家中的常用小家电直接带去露营已是常事,家里类似小太阳的电取暖器也不例外。电能比起燃料更安全、更便利,但要警惕在帐篷里和其他物品的距离,类似"羽绒服烧焦"的小事故时有听闻。

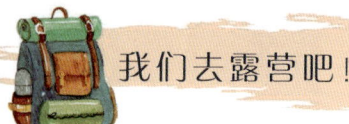

我们去露营吧！

露营椅

毫不夸张地说，有些露营椅比家中日常坐的椅子还要舒适，会让人产生一种"相遇恨晚"的感觉——早知道，家居直接用露营用品好了。当然，可以根据不同的露营场景或个人喜好挑选露营椅，市面上不同的露营椅设计，自有风格之别。

克米特椅

克米特椅（Kermit chair），是经典的手工原木椅款式。由一位名叫Kermit Easterling 的宝马摩托车手于 1984 年设计，出发点在于如何能在摩托车露营时，享受一把便携舒适的椅子。因此，你会看到克米特椅折叠起来呈扁平状，其部件也可以通通拆卸下来，装在一个很小的收纳袋里。

月亮椅

之所以叫这个名字，大概和它打开后呈圆弧形的椅面形状有关。它最突出的特性便是"舒适"，坐上去整个背部的包覆感十足，且支撑性强，久坐不累，大概是户外最符合人体工学的一款座椅。

折叠凳

不要小看这种类似寻常小板凳的设计，虽然因体积迷你而没有靠背，缺乏些舒适度，但在户外却十分实用，除了坐，也可以当成置物架使用。

露营桌

料理、吃饭或休闲歇息时，都会围坐在露营桌旁。一般选择露营桌可参考便携、稳固性、承重性三个指标。

蛋卷桌

桌面是由一根根木条用弹力带连接起来的，收纳的时候把桌面像蛋卷一样卷起来。大多数是木质的，质感很好，在营地或者家里使用都很漂亮，缺点是重量体积都较大，不便收纳。

铝合金折叠桌

从面板到桌腿都由铝合金材料制成，可折叠，易收纳。超轻的材质是轻量化露营玩家的最爱。

置物架

当你在露营中投入到搭建天幕、帐篷，生火做饭或者和同伴们玩耍时，就会发现置物架有着解放双手的妙用。除了包包、零散的随身物件外，置物架也用于对一些露营工具的整理。

我们去露营吧！

三角置物架

由两端的三角架撑起中间一根挂杆，可以将锅、碗、杯子或斧头、刀具等露营器具悬置在上面，方便随时拿取使用。

置物挂网

也有人称之为"置物笼"，它的形状的确像一只鸟笼，可以被挂在天幕杆或树上，将物品"网罗"其中，私密性比三角置物架好。

灯具

露营中，灯具不单起到照明作用，更被视为氛围担当。露营灯几乎是市面上差异化、风格化最多元的露营用品，在保证亮度、续航时间的基础上，大多数还拥有别具一格的设计。

4 如何准备我们的露营装备

汽灯

通过向底座的油舱里打气加压,使煤油能够通过灯嘴喷出,中间需要经过加热使煤油汽化,然后到达灯芯燃烧。由于汽化后提高了燃烧效率,所以汽灯亮度非常高。使用一段时间需要重新打气补充气压。

我们去露营吧！

煤油灯

煤油灯是许多复古风格露营玩家的心头好，它们的历史背景使其带有怀旧质感，点燃一盏煤油灯，仿佛将人拉回冒险黄金时代。煤油灯光源小却显得安静而稳定，其缺点在于保养麻烦。

LED 露营灯

如果你是新手，先试试一系列LED露营灯吧。它们通过LED半导体发光，有充电电池款，也可选择太阳能充电款，造型多样，好玩亦操作简单。比如露营中多见的串珠灯，即为LED灯的一种。此外，有些LED露营灯还能模拟蜡烛，产生不同色彩、变幻的光源。

厨房系统

热衷做饭的人来到户外也不例外，或者说，在闲适的露营中，更能引发人们的烹煮欲望。因此，不愿潦草的吃货们自然需要为自己特别准备一个户外移动厨房。这里的雪峰IGT提供了一种户外餐厨方案。（更多露营厨具清单，可见本书第六章"如何打造户外移动厨房"）

雪峰IGT（Iron Grill Table）是一种模块化的餐厨系统，核心是由桌面框架、桌腿、内嵌和外延用具组成。有点像搭建乐高，根据自己在户外的需求组合各种造型。不同的配件可以有无数种组合，可玩性非常高。缺点是配件太多，重量大的同时价格也比较高。

睡眠系统

露营中，对寝具的挑选则需对其有所认识且选择要谨慎，有时候这不仅关乎睡眠质量，在户外多变的气温下，它们更是足以抵御风险的必要装备。

蛋槽

是一种海绵睡垫，因表面规律地分布凹槽，形似"放鸡蛋的凹槽"而得

4 如何准备我们的露营装备

名。大多数是一面涂银一面不涂银，使用时需要涂银面向上并紧贴睡袋才能达到最好的保温效果。优点是非常轻，即便断开也不影响使用效果；缺点是收纳体积大。

行军床

春夏时节，一张可折叠的行军床足以让你在回暖的气温中入睡，因不贴地，可很好地隔绝湿气，也更适用于凹凸不平的地面。

吊床

谁不喜欢躺进吊床里，感受自然中的惬意呢？吊床在露营中出镜率很高，使用起来也方便，不过，你需要先寻觅到两棵距离合适的大树。夏季尤其适合携带吊床出行，可选择带有蚊帐的款式。

我们去露营吧！

信封睡袋

顾名思义，它的设计就像叠起来的信封，一般较薄，适合初春或初秋季使用，中间的空间较宽敞，舒适度高。目前也有可将信封睡袋打开变成一个被子的拉链款设计，更方便玩家随心使用。

木乃伊睡袋

别被名称吓住，这种木乃伊状的睡袋是冬日露营的上佳选择。虽不如宽松型睡袋自由度高，但头兜及腰部收紧的设计，使得空间收缩而保暖效果更好。

4 如何准备我们的露营装备

日归露营基础装备

　　户外玩家关键每年飞去海口度假时，都会带着家人去当地村落附近的一处天然洞穴进行探洞露营。他们背着露营桌椅，会徒步至洞穴中一处光线充足的天井地带，在热带植物的环绕中，享受这处无人打扰的幽谧露营点。

　　这是一种限时享受——傍晚光线暗下，他们便会整理好装备，走出洞外，在这场露营中，他们不计划过夜，甚至没有搭起一个帐篷和天幕。

我们去露营吧！

越来越多的人在践行这样一种不过夜的露营法。有时因为特定的地质环境或天气并不适合过夜，有时是想省去携带睡眠系统等一系列准备上的繁琐。

日归露营（Day Camp），顾名思义就是玩一白天，晚上回家休息，不在外过夜的露营方式。这种露营方式非常适合新手，只需要准备一些很简单的装备就可以去尝试了。一张天幕（配天幕杆）、一个收纳箱、一张小桌子、几把折叠椅（或者一张地席）、一些食物和饮品，就可以满足最简单的日归露营了。如果食材需要加热，带个用气罐的小炉子和锅就行了。如果人少，桌子都可以不带，直接用整理箱当桌子就行，而且大部分餐具、厨具、食材等都可以装在整理箱里，搬运也非常方便。

还没有体验过露营的朋友可以带上家人，约上三五好友，找一个公园先体验几次日归露营。带上飞盘、风筝、足球等娱乐装备，来一场周末亲子运动。当你积累了一定经验和装备以后就可以开始尝试过夜露营了。

过夜露营基础装备

过夜露营相对日归露营来说需要的装备要复杂一些。因为涉及在户外过夜，所以需要考虑到过夜过程中可能遇到的天气情况，比如刮风、下雨等。在野外的话，还可能会遇到一些生物。这些都要提前考虑到。

过夜露营的最基础装备包括：一顶帐篷、一张蛋槽、一张防潮垫（有些帐篷自带内帐，就不需要再配）、一个睡袋、炉具、厨具和照明设备。上述这几样装备就能满足一次过夜露营的需求了。

轻量化的小型帐篷。优点是收纳体积小，容易携带，也容易搭建，一个人只需要几分钟就能搭建完成。但也有以下缺点：空间小，进出会不方便，

我们去露营吧！

干活做饭都得弯腰，久了容易腰酸背痛。

小帐篷需要配合一个天幕来使用。首先，有了天幕能让你在白天的露营活动中不会一直被太阳晒着；其次，如果下雨，天幕也能避免一些装备由于淋雨而惨遭损坏。帐篷搭在天幕下还能更好地防雨。

大型的隧道帐。缺点是搭建比小帐篷要费时费力一些，而且收纳起来的体积和重量要大得多。优点是比小帐篷活动空间大，感觉要舒服得多。如果不是特别需要，甚至可以不用天幕。晚上睡觉时，可以把露营的全部装备收在隧道帐的"客厅"里，把帘子拉起来，可以避免装备丢失，也能避免半夜

4 如何准备我们的露营装备

突然下雨导致装备被雨淋湿。

下面是一位露营爱好者的一次经历：

某年夏末，在海拔3800米的地区露营。下过雨后，晚上气温是个位数，体感接近0℃，穿上羽绒服才感觉舒服一些。

第二天上午10点多又开始刮风下雨。高原的草原上没有任何遮挡物，风特别大，天幕基本失去挡雨的功能，因为雨不是垂直从天上落下来，而是被风吹得到处乱飞。我把所有装备收在隧道帐的"客厅"里，"门窗"都拉上，只留了一些小透气窗。客厅还有很大空间可以让我们一家三口自由行动。因为有煤油炉，整个帐篷里温暖又舒适。

我们隔壁两个小姐姐用的是三人小帐篷配合天幕，上午10点多了，窝在

我们去露营吧!

帐篷里吧,不舒服;出来在天幕下待着吧,风吹雨淋的,更不舒服。再加上金字塔帐篷空间利用率比较低,她们只能把一些小型装备拿进帐篷里,其他的留在天幕下淋雨。于是我们邀请她俩来我们帐篷里玩,添了2把椅子也能轻松坐下。

上面的经历供大家参考,最终还是要根据实际情况来选择帐篷,比如车辆无法直接到达,需要搬运装备走一定距离甚至徒步才能到达营地这类情况,一个轻量化的小帐篷更合适;如果是车辆可以直接到达的,那么一个大帐篷会更舒适些。

夏季露营需要特别注意的就是防暑降温,最好不要在高温天气去市区内的营地露营,可以选择有山林小溪的郊外营地,或者类似川西这样高海拔的营地,因为这类营地的气温会比市区低很多。有些地方晚上过夜可能只有二

4 如何准备我们的露营装备

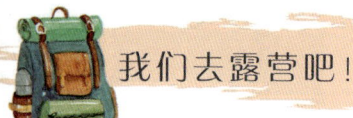

我们去露营吧！

十来度，是非常舒服的避暑胜地。但是白天要注意防晒，郊区或者高原的紫外线都比较强，很容易晒伤。高原地区除了注意防晒以外，就是要注意高原反应，可以准备一些预防高原反应的药物和氧气瓶。

如果当地夏季气温不是很高的地区，带上2个露营风扇，然后找营地的阴凉地扎营就行，条件允许的话可以买个户外空调，用起来更舒服。

除了以上注意事项外，夏季露营还要注意防蚊虫，带上花露水、驱蚊水等药品以备不时之需。

冬季户外露营最重要的就是睡眠系统。首先，睡袋有不同的温标，−30~30℃不等，甚至还有舒适温度区间和极限温度区间的划分。其次，睡袋有不同的

外形，分为木乃伊式、信封式等等。再次，睡袋有不同的填充物，鸭绒的、鹅绒的、科技棉的等等。

大多数露营爱好者会比较推荐鹅绒睡袋。首先，鹅绒不会像鸭绒那样用一段时间后就会有那种羽毛的臭味儿。其次，鹅绒比鸭绒的蓬松度更高，可以更好地锁住热量，且回弹力也比鸭绒更高。

科技棉有哪些优点呢？首先，科技棉的拒水性非常好，完全进水拿出来拧干还能提供70%～80%的保暖功效。而羽绒进水后就基本失去保暖功效了，虽然现在也有拒水羽绒，但功效也是比较一般。其次，科技棉非常耐造，长时间极限压缩也不会影响它的保暖性。而羽绒不适合长时间压缩存放。

那为什么科技棉这么好还不选科技棉的睡袋呢？原因有二：其一，同样的厚度，羽绒的保暖性要比科技棉好得多；其二，科技棉是以动态保暖为主，羽绒以静态保暖为主。所以，如果是去干燥的北方地区露营，那么直接买一个零下20℃舒适温度的鹅绒睡袋就可以了。需要注意的是，舒适温度不是极限温度。

在极端环境下，睡袋是可以保命的装备，所以，尽可能买耐寒数值高的。因为如果当地气温没那么低，睡觉的时候睡袋可以拉开一些，甚至完全打开当被子盖。如果气温突然大幅降低，耐寒指数高的也能保障温暖。简单说，用厚睡袋，热了，可以少盖点；用薄睡袋，突然冷了，那你可就真没办法了。

建议在南方城市最低也要买个零下10℃舒适温度的鹅绒睡袋，虽然南方城市潮湿一些，但也不至于湿到用科技棉。建议在晚上睡觉前再打开睡袋，这样能很好避免因为白天打开放置而吸收空气中水分，导致睡袋冷冰冰、潮乎乎了。

我们去露营吧！

带 R 值的气垫

接下来讲讲气垫和蛋槽的选择。气垫请选择带有R值（thermal resistance，热阻）的充气气垫或者奶酪气垫。R值越高，保暖性、隔冷性越强。有朋友问，普通气垫行不行？普通气垫不带隔冷层，冬季露营时，地面的冷气会很快降低气垫内空气的温度，然后传导到你的身体，晚上睡觉时会让你感觉背后非常冷。如果一定要用普通气垫，需要在气垫上面铺蛋槽或者毛毯等来隔绝地面传导上来的寒气。

如果是徒步到高海拔冰雪环境的话，带两个蛋槽会比气垫更稳妥。蛋槽的优点是轻，缺点是收纳体积会大一些，但在高海拔环境下，气垫万一漏了、坏了，失去了隔冷作用，基本就没法使用了。蛋槽哪怕你撕开了，拼起来依然可以用，并且也不会影响它的隔冷保温效果。奶酪气垫收纳体积更大，但是舒适度很高，和在家里睡海绵床垫感觉差不多。

4 如何准备我们的露营装备

最后，是取暖设备。常见的有柴火炉、煤油炉、燃气取暖炉、暖水袋、电热毯、暖宝宝等，这类取暖设备一定要注意使用安全事项。

柴火炉

柴火炉取暖效果最强，在温度为个位数的环境下，帐篷里用柴火炉加温可以使室内温度达到零上二十几度。带有观火窗的柴火炉燃烧起来很漂亮，听着木柴燃烧时发出的噼里啪啦的声音非常治愈。

在使用柴火炉取暖时要注意以下几个问题：

首先，要注意一氧化碳问题。木柴燃烧不充分会产生一氧化碳，而帐篷封闭起来会处于一个相对密闭的环境，所以，在用柴火炉时一定要配备一个一氧化碳报警器，以免发生一氧化碳中毒。

其次，必须是可用柴火炉的帐篷。很多帐篷不支持用柴火炉，因为没有出烟口和防烫布。

我们去露营吧！

再次，要防止烫伤。柴火炉体积较大，有好多朋友穿着羽绒服不小心在烟筒上蹭了一下，面料瞬间烫化，羽绒满天飞。

最后，柴火炉需要不停添柴。因为柴火炉需要燃烧木柴，晚上得起夜添柴。也有使用燃烧颗粒的，把添柴口加装一个巨大的漏斗形的外置燃料仓，调整好燃料的进料口大小，这样就不用不停地起来添柴了。

煤油炉、燃气取暖炉这类取暖器大部分不需要起夜添加燃料，很多煤油炉的观火窗设计得特别漂亮，但热效率相比柴火炉要低一些。虽然比柴火炉安全性高一些，但也需要备一个一氧化碳报警器，防止一氧化碳中毒。

热先生（Mr.heater）

4 如何准备我们的露营装备

煤油炉

煤油炉如果燃烧不充分会产生异味儿，吸入后容易使人头疼。有多种情况可导致煤油燃烧不充分，比如煤油质量不好、灯芯老化、灯芯长度过短或者过长等。每次使用前都要先检查一遍再点火。

大多数丙烷燃气取暖炉外观比较粗犷，但取暖效果还是很不错的。丙烷燃气取暖炉燃烧后只产生二氧化碳和水，相对更安全一些，只是丙烷比较贵，烧起来比较心疼。可以将丙烷转接小号丙烷煤气罐使用，费用能低很多。

在使用取暖设备的时候，热气流会直接冲到帐篷顶，站着的时候上半身很暖和，腿部却凉飕飕的。建议配一两个热能风扇，能把热气流平着吹出来，甚至可以调整角度向下吹，让整个帐篷都暖和起来。

暖水袋、汤婆子、电热毯、暖宝宝，这几个都是相对比较安全的取暖装备。

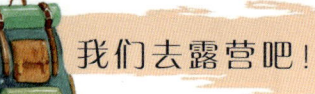
我们去露营吧！

暖水袋：暖水袋比较小，凉得会比较快，灌开水的时候小心烫手。

汤婆子：很多人不知道汤婆子，这个东西应该说是一个金属的暖水袋，可以直接放在火上加热。加热完取出的时候要小心烫手。需要特别注意的是，扔在煤油炉上加热后千万要记得拿下来，如果烧干了，会引起爆炸。

电热毯：电热毯需要配合外接电源使用，如果是大功率双人电热毯可用移动户外电源，不过用的时间会比较短，还是直接接营地的电源比较好。

暖宝宝：暖宝宝属于消耗品，如果没有电热毯等取暖设备，可以睡觉前在腰部、腿部贴几片，睡着后会很舒服。暖宝宝的保暖时间会短一点，但用一晚上基本够了。需要注意的是要贴在衣服外面，不要直接贴在皮肤上，防止烫伤。

以上就是过夜露营需要的装备和主要注意事项。其实，过夜露营怎么带装备很简单，你只需要想象一下：现在你站在一片空地上，你晚上要睡在这里，然后满足什么条件你就可以睡了？首先，你需要一间房子遮风避雨，抵御寒冷，我们可以把帐篷当成房子；其次，你需要一张床，蛋槽或者气垫就是这张床；最后，你需要一床被子，那么就是睡袋了。上述三项就是最基础的过夜露营所需要的装备。然后，大家可以根据自己的需求，在这三件"基础装备"上扩展其他的装备了，比如可以增加照明设备，增加桌椅折凳，增加餐具厨具，增加娱乐设施，等等。只要是你这次露营需要的，都可以纳入。

露营行囊推荐

系统	类别	物品	重要性	备注
扎营	住宿	帐篷	必备	视露营环境、季节选择不同种类帐篷，可参考因素：温度、风力、雨雪、自身重量、搭建难度等
		天幕		夏季必备,内部涂层材质影响遮阳效果。黑胶涂层遮光吸热效果更好

系统	类别	物品	重要性	备注
扎营	客厅	折叠桌	必备	实用轻便为首要因素，颜值排第二
		折叠椅	必备	
		收纳箱	必备	
	照明	休闲区营地灯	必选	过夜必备，充电式的电池容量要大
		手电	必备	
		内帐灯	必备	灯光温暖不刺眼，可选配小夜灯，方便起夜
		厨房区域照明		可与营地灯共用
	工具	移动电源/充电宝	必备	如果没有投影仪等大型耗电类电器，准备一个大功率的充电宝即可，以备不时之需
		垃圾袋	必备	坚持无痕露营
		小型露营手锯手斧		视露营目的地情况而定
		充气泵		配合充气类床垫、沙发、气球等使用
		地钉锤		视帐篷配件情况而定
		绳钩		
		蚊香/驱蚊灯	视季节而定	如果在蚊虫多的季节，建议购买户外专用驱虫棒，夜间点插在营帐四周
	运输	营地车		家庭式露营必选。 1. 选大不选小； 2. 深度要够； 3. 四向越野轮，不挑地形； 4. 可折叠收纳
		背包	徒步必选	轻便、防水、功能分区多
睡眠	床	防潮垫	必备	隔绝水汽

我们去露营吧！

系统	类别	物品	重要性	备注
睡眠	床	床垫		1. 注意 R 值； 2. 考虑收纳体积； 3. 考虑收、开便捷度，是否需要配置充气泵； 4. 检查是否漏气
		行军床		和床垫可二选一，看个人睡眠习惯，选择折叠、轻便型
		吊床		娱乐性
	床上用品	睡袋	必备	参考因素：气温、海拔、轻便度、内里填充、保温值。 建议：冬季木乃伊睡袋，保温好；其余季节信封睡袋宽松舒适
		枕头	必备	充气枕
		毯子		可用作薄被、床单等
	工具	取暖炉	视季节而定	可根据营地电路设施情况，选择电暖炉或者煤油炉，一定要摆放在安全位置
餐饮	灶具	炉灶	必备	可选分体气炉、一体气炉、折叠卡式炉、酒精炉、自搭土灶柴火炉等
		挡风片	必备	
		焚火台、防火布		
		气罐	匹配炉灶类型	
		平底锅具	必备	推荐不粘锅材质，方便清洁
		深锅/煮锅	依据烹饪食谱情况	煮汤、面，烧水，可替代烧水壶
		筷子、叉子、勺子	必备	

4 如何准备我们的露营装备

系统	类别	物品	重要性	备注
餐饮	餐厨具	盘子		折叠型碗具适合登山徒步类活动，盛装的食物较简单。家庭式露营慎选折叠型碗具，尤其汤汁丰富的菜品，有倾洒烫伤的可能。同时，出于环保考虑，尽量避免使用一次性餐具
		碗具		
		案板	必备	双面生熟分开
	水系	储水桶/袋		储水用，如只需饮用水，可自带桶装水；建议短途露营使用便携储水袋，轻便、好收纳
		水杯		宽口杯方便、实用
		保温壶	必备	保冷保热皆可，焖烧罐最实用
		折叠洗菜盆	必备	还可以用作少量储水、冰镇酒水桶
		小冰箱		建议夏天必备，可储存酒水饮料或生鲜物资。可选插电蓄电式，或者物理保冷型
		调味套装	油、盐、酱油、烧烤粉包、酱包必备	其余调料视烹饪美食情况，建议可选半成品料包，例如冬阴功汤料、鱼香肉丝料包等
	清洁	洗洁精		如在野外，请减少使用化学成分清洁用品，注意保护生态
		厨房用纸/油污清洁湿巾	必备	不粘锅具类用品，可简单擦拭
	工具	刀具	折叠小型刀具必备	建议短时露营时，菜品切好用保鲜袋储存，减少携带多种刀具，避免危险
		防烫手套		抹布可替代
		生存多功能刀	必备	具有开罐、切割、钻孔等多种用途
		防风打火机	必备	
		喷枪		
		铝箔/油纸		视烹饪食材确定

我们去露营吧！

系统	类别	物品	重要性	备注
盥洗清洁	洗漱用品	大小毛巾		
		牙具		如取用水不便，可携带漱口水
		折叠盆		用于洗脸、擦拭身体。也可选择配置洗漱间的营地
		湿巾	必备	
		干纸巾	必备	
		护肤用品		依据季节配备。如夏季徒步，防晒必备；秋冬登山，防干裂、冻伤的面霜必备
氛围	照明	串灯彩灯		
		复古油灯/汽灯		
	布置	彩旗		
		花草		
		茶具/咖啡套装		
		彩色毯子/针织品		
	电器	便携投影仪		考虑耗电问题
		音响		
		乐器		
急救包	工具	求生哨		视选择露营目的地决定
		打火石		
		救生刀		建议选多功能套装，兼顾指南针、打火器、钓鱼线等功能
		指南针		徒步登山等野营地必备，虽然手机有此功能，为防没电等突发情况，建议配备

系统	类别	物品	重要性	备注
急救包	药品	驱蚊虫类	野外露营必选	
		创可贴		准备大小不同尺寸，因为露营时，除了手指等小面积划伤，还易出现手肘、腿部等较大面积剐蹭情况，有条件的可以再准备些敷料纱布贴
		酒精、碘酒棉签/棉片		
		退热药		
		消炎药		
		脱敏药		户外过敏原多，建议常备
		肠胃药		户外烹饪的水源和食材都易污染，造成肠胃不适，建议常备

如何购买装备

大家最关心的应该是如何买到心仪的装备！

大多数装备大家可以在京东、淘宝等主流电商平台购买，基本都是国内现货，下单购买后两三天就能收到，有质量问题退换也容易一些。缺点是一些高端小众品牌的装备比较少，一些进口大品牌价格比较高。相较而言，闲鱼上高端小众品牌的装备会更多一些，进口品牌装备也比淘宝要便宜，但闲鱼存在一些个人卖家以次充好的情况以及售后不完善的问题。所以，在闲鱼购买时，首先要看看卖家的信誉状况以及之前的交易评价再进行交易。卖家信用低于"极好"的，不推荐去交易。

除了上述电商平台以外，还有亚马逊、别样、挖煤姬等海外代购平台。

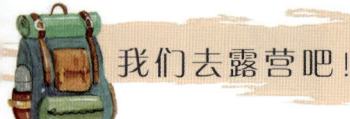

这类平台都是海外代购,有些时候价格会比淘宝等平台低得多,还会帮你算好运费、关税,直邮到家。缺点是运输周期长,短则两三周,长则一两个月。亚马逊售后还可以,有问题基本很快解决,其他两家售后稍微有一些麻烦。这里稍微详细说一下挖煤姬,这个平台能买到小众热门品牌的装备,但是价格需要自己去淘、去蹲,运气好可以用很低的价格买到一些稀有的热门装备,运气不好就是你等了两个月买到的装备价格和淘宝、闲鱼直接买的价格差不多。综上所述,大家选择适合自己的平台去购买就可以。

教大家一个技巧,有些知名品牌都在阿里巴巴有自己的批发店铺,在购买装备之前可以先上阿里巴巴搜一搜该品牌店铺,一件代发真的很划算。如果2件起发,你一定只要一件,可以跟卖家聊聊看,大多都会一件也卖的。

还有一些使用时不涉及安全隐患的装备,比如一些战术风收纳包、柯曼铁桌、焚火台,烧烤架也可以去阿里巴巴看看,很多同类别甚至同款的会便宜不少。不推荐买那些很便宜的椅子、行军床、炉头这类装备,涉及安全问题,往往太便宜的质量都不会太好,用料、工艺相对较差。有人买到质量不过关的炉子,突然爆燃,烧了一箱子东西。

露营中的安全事项

用火安全

防火及应急处理:

首先,无论是在营地还是野外露营,都要遵守当地的法律法规,在条件允许的情况下再生火。其次,请不要在草地上直接点火,因为直接烧火,高温会烧死植被,破坏生态,而且这种不规范的操作方式更容易引发火灾。要铺上防火毯后再使用焚火台,这样可以避免植被被破坏,也能降低火灾隐患。有条件的建议备一个小型灭火器。

4 如何准备我们的露营装备

烧炭请避免在密闭空间内进行，哪怕是帐篷内，也请尽量打开大门通风，并配备一氧化碳报警器。千万不要因为冷或者有风而关闭帐篷门窗。最好在帐篷外进行，以免发生一氧化碳中毒。

使用酒精炉类的装备时，务必确认酒精已经烧完再重新添加燃料，千万不要在燃烧状态下添加液体燃料，这样很容易引发危险。

如果长时间不在帐篷里待，请关闭所有取暖器、炉具和电源，防止发生意外情况。

气罐的使用及存放：

卡式炉、气炉是露营中常用到的灶具，操作简单，安全性高，但对许多新手而言，对其安全操作仍缺乏一定认知。这里的贴士，可预先了解，以免错误操作引发隐患：

79

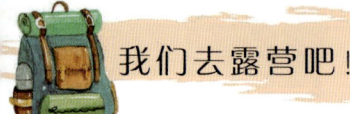

我们去露营吧！

1.气罐需远离火，尤其是通过管道连接的外接式气罐，以免热量传递至气罐引发爆炸。而对于卡式炉这类集成式气炉而言，需要注意锅具的大小，锅沿切莫遮盖一侧的调节器，需保持锅和气罐之间的空气流通。

2.正确放置气罐，切莫倒置及横放（特殊设计的气炉除外）。

3.点火时可先将阀门开到最小，听到有气体冒出时，再循序渐进调大火力。

4.使用完毕后，第一时间关闭阀门，并卸下气罐。

5.检查气罐中还有无剩余液体，可左右微微晃动，并用专用开罐器将气体放完后再丢弃至分类垃圾桶。

6.切莫私自给空罐充气。

7.未用尽的气罐盖上瓶盖后，于阴凉环境中放置。

玩水安全

炎炎夏日露营，玩水最能解暑降温，很多朋友在夏天露营都会选择玩桨板、皮划艇、游泳等水上娱乐活动。去任何水域玩水，都请穿好救生衣，这件装备至关重要，往往在关键时刻能救你一命。开阔水域如果遇到危险，呼救很难被人听到，所以穿之前请检查救生衣上的示警哨。

扎营地不要选择河道、泄洪道及发生过山体滑坡等地质灾害的区域，河边扎营也请离水远一些，因为一旦涨水可能跑都来不及，更别提还要收拾装备了。尤其是河谷、河道、泄洪道这类地方，可能你所处的位置没什么问题，小溪潺潺，但一旦下雨，山顶会迅速形成很大的水流，并夹杂着泥沙石块，短短几秒，你所在的河道就会变成一片汪洋，如果有人在内会瞬间被冲走。现实中已经有发生很多起类似的事件，请大家警醒。

工具使用安全

露营时会使用到刀、斧、锯等工具，这些工具都很锋利，使用完后务必收拾好，并放到儿童不容易拿到的地方。千万不要随手一扔，万一忘记了，被人踩到，后果很严重。劈柴等劳作时也请提前学习相应的操作手法，不要胡劈乱劈，一方面容易出危险，另一方面也不容易劈开。

防范蛇虫鼠蚁

营地的生态越好越容易有野生动物和昆虫出现，所以出来露营一定带一些驱蚊虫的喷雾药水，以及被蚊虫叮咬后的止痛止痒药膏。南方地区还要注意有毒的蛇类，驱蛇粉能起到一定的驱逐效果，但还是尽量避免在野地的深草丛环境里玩耍，除了毒蛇，还有蜈蚣、蜘蛛、蜱虫等毒虫。丛林活动时请穿长袖长裤，能很好避免被一些毒虫侵害。

LNT以及在营地应该注意的事项

LNT（leave no trace），户外环保法则，即对环境的最小冲击法则。它教人们如何利用户外技能，尽可能小地影响自然环境中的土地、水、植物和动物，也可称之为"无痕迹"或"低冲击"，通俗点讲就是"无痕山野"。我们去到一个营地或者野地玩，只留下回忆和美图，不留下一片垃圾。

除此之外，在营地有其他人的时候，还要遵守一些约定俗成的规则，例如晚上22:30以后自觉关闭高亮度照明工具，只留下一些暖光的氛围灯满足基本照明；聊天也请降低音量；不要在这个时间以后公放音响、唱卡拉ok；更不要大声放嗨曲、户外蹦迪，唱歌蹦迪这类娱乐活动有专门的娱乐场所，不要影响隔壁需要休息的人。同样，早晨起得较早的朋友也请不要大声喧哗。工作忙碌了一周，大家周末出来露营，都是想来放松一下，睡个懒觉的，所以也请在清晨给别人一个良好的休息环境。

最后，请注意社交礼仪，不要未经允许就随便闯入别人的帐篷或者拍摄别人。一般只要你在外面礼貌地询问一下，帐篷主人都会热情邀请你进去的。

如何选择适合我们的帐篷
How to Choose Our Tent

根据外观不同，帐篷可分为隧道帐、塔帐、球帐、半球帐、屋型帐、车尾帐、车顶帐、庇护所等。

帐篷的结构、外观不管怎么改变，哪怕是豪华的 Glamping 大帐篷，也都是由以下这些基础部分组成：

外帐：帐篷最外层，主要用来遮风挡雨，屏蔽紫外线。

帐杆：用来撑起内外帐的杆子，大多数为铝合金材质。有内骨骼和外骨骼两种形式，还有一种特殊的帐篷是靠气柱支撑的。

内帐：屏蔽蚊虫，在一定程度上能够起到保持居住区干净的作用；透气，让水汽在外帐凝结而不是在内帐。

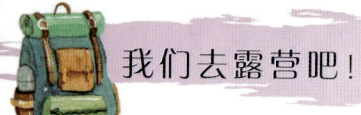

我们去露营吧！

地布：铺在地上，直接接触地面，用来保护内帐不被脏东西污染、不被一些尖锐物品损坏，并起到一定的隔潮防水作用。

地垫：铺在内帐里面，增加舒适度，隔绝地面冷气，起到一定的保暖作用。

地钉：打在地上的锚点，不同的地面条件有不同类型的地钉可选。

风绳：用来把帐篷的受力点与地钉连接，使帐篷可以绷紧，从而达到更强的抗风能力。

无论在哪种场合，帐篷永远是营地最显眼的装备，市场上五花八门的设计兼具优越功能性的帐篷数不胜数，让露营者们目不暇接。帐篷的分类方式也有很多，商家为了增加卖点，也经常用各种个性的名字来命名不同款式的帐篷。面对琳琅满目的帐篷，如果你还是个露营新手，难免会挑花了眼，该怎样选择适合自己的帐篷呢？不妨看看下面的介绍。我们从帐篷的设计、功能特点以及适合场景，帮你做个简单分析。

选帐篷别盲目

选择一款帐篷不单只看外形，尤其如果这是你的第一顶帐篷，不要单纯地被酷炫的外形迷惑，还需要考虑使用的环境，以及露营的主题用途，例如徒步远足类、露营营地类或者公园野餐类。具体选择时，也要适当注意些特别的参数，比如布料涂层是否有黑胶，设计的防风抗压级别，还有帐篷是单层还是双层等细节。

帐篷分类方式有很多种，名称类目也没有太过系统死板地归类，市面上的帐篷随着市场需要，更是迭代更新、层出不穷，但无非也都是从外形、用途、搭建方式等角度考虑。我们先看看下面列举的几点吧。

考虑季节环境

作为露营新手，对露营的新鲜感往往让你产生冲动消费。首先，你要结合自己所在的城市，考虑好适合露营的季节。根据气候、地理环境，常用的帐篷可以分为三季帐、全季帐，以及特殊环境的高山帐。

对于大多数北方城市来说，寒冷的冬季不便于进行露营活动，选择适用于春天、夏天和秋天的三季帐或者春帐是比较实用的。这类帐篷通风性能和防水布料比较出色，纱网窗户比较多，也是市面上最常见的高性价比款式。

如果你想要露营活动不受温度影响，也可以选择全季帐，全季帐的设计会兼顾冬季保暖性，大多选择双层帐设计，所以整体抗风性结构设计更加稳固，以此来抵御风雪等天气。通风性逊色于三季帐，为了保障其稳固性，地钉和帐杆等也会更重、更粗，相比较同款的三季帐，收纳体积和重量较大。

高山帐的设计更适合专业选手，是三类帐篷中收纳和搭建最为方便的一种，适用于高海拔、雪山徒步等比较极端的地理环境，所以在帐篷布料、

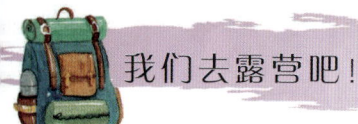

我们去露营吧!

设计甚至配件的选用上都是户外帐篷中的佼佼者,同时为了满足特殊气候需要,高效的防风抗压是这类帐篷最大的亮点,但和全季帐一样,牺牲了通风性。

类型	适用场景	优点	缺点	搭建难度	推荐指数
三季帐、春帐	春夏秋季节	1. 市场主流类型,可供选择款式较多; 2. 使用率更高,适用季节多,较轻便,易携带	相比较全季帐,保暖性和抵御风雪能力较差	中	★★★
全季帐	一年四季	1. 适合的季节环境受低温影响较小; 2. 结构更稳定,地钉和帐杆等受力配件更扎实	1. 较三季帐而言,通风性较差,不适用于夏季高温时; 2. 相较于同款型的三季帐,整体较重,使用率不如三季帐	难	★★
高山帐	高海拔地区等较为极端地理环境	1. 选材及整体设计更优良; 2. 抵御风雪、抗压能力强; 3. 收纳便捷,自身重量轻	1. 种子选手必备,价格偏高,普通露营客使用率较低; 2. 户外过夜需搭配睡袋	易	★

考虑外形容量

　　从帐篷外形来分类,比较常见的家庭帐篷的形状包括传统的塔形/伞形帐篷、通道或隧道型帐篷、屋型帐篷、楔形帐篷以及多角式帐篷等。搭建方式大体包括:交叉杆式,利用多截弧形杆或者交叉杆搭建而成,例如测地线帐篷、登山帐和隧道帐篷等;撑杆式,多数不可自立,必须利用帐杆搭建,例如传统的炎帐、多角式帐篷等;连接杆式,最有代表性的就是屋型和弓形帐篷,以多根帐杆首尾相连的方式完成搭建。

适合个人露营的帐篷，要将轻量化作为首要考虑因素，而适合家庭的帐篷，则更多要考虑内部容量是否充足、直立空间是否充裕等。在标注帐篷容量时，对于单一大开间式的帐篷，测算时是在不放置任何东西的情况下，帐篷所能容纳的人数。而通常家庭露营携带物品较多，那么在选择帐篷容量时，要比实际家庭人数多一至两人，比如，三人家庭，推荐购买4人以上容量的帐篷，同时考虑到隐私和方便性，具有分区的隧道型帐篷为首选。

考虑功能分区

选择帐篷时要牢记主要用途，根据不同的出行目的来选择适合不同功能及场地的帐篷。例如，独行侠们选择徒步或者登山等活动，通常用到的是测地线帐篷或鱼脊式帐篷，以轻便、防风、搭建迅速为主要特色；选择公园露营或春秋露营，没有在外过夜的打算，推荐选择弓形帐、速开帐，搭建便捷不复杂，但抗风性就不可太强求；选择过夜甚至需长时间在外的露营客们，帐篷的选择需要考虑的因素就会很多，依据季节对温度或防水指数、通风性、帐内是否可以生炉等要求来决定；选择群体娱乐型活动的，内部空间优越的蒙古包帐篷是不错的选择；自驾游的露营客则更偏爱可以与车紧密相连的伞形帐篷，结合了金字塔帐和屋型帐的优点，同时方便搭建。

而分区就是指帐篷内部的房间数。像传统的塔形炎帐和蒙古包式帐篷，通常只有一个开间式空间。如果想要独立划分出娱乐系统、睡眠系统和会客系统，那么依然推荐隧道型帐篷，它可以提供更多的房间实现功能分区，将动静活动空间隔离开，对空间有更好的规划。尤其遇到下雨天，露营客们不仅可以在客厅继续活动，露营的用具设备也可以放置到客厅区，保持干净整洁的同时，不影响使用。

综合外形和功能来讲，市面上比较常见的帐篷包括炎帐（例如，印第

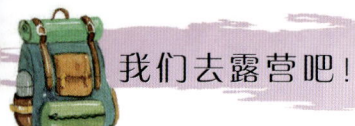

我们去露营吧！

安金字塔帐）、蒙古包帐、隧道帐、屋型帐、球形帐、美式弓形帐（近些年流行的"春日帐"也可归为此类）、徒步帐以及庇护所（类似传统的"墙式帐"）等。

庇护所帐

传统的庇护所因为宽敞的顶部空间设计，同时可以紧挨车辆进行搭建，曾经最常用于部队大本营或科研探险队。它的缺点是体积重量都很大，虽然人字形的帐顶让它的排水性很好，密闭的空间也便于取火供暖等，但因为没有单独窗户，导致通风性较差。遭遇风雪天气时，抗风的稳定性较好。此类帐篷适合Solo Camping（单人露营）群体使用，并不推荐新手或者家庭露营选择。

速开帐篷

速开型帐篷是小家庭假期游玩的主力类型。相信你在公园园区、草坪上最常见到的就是此类帐篷。大小风格各异，自动支架结构一秒开合，随便一扔，搭建，提拉就可收合的便捷性成为很多露营"小白"的首选。但此类帐篷也因轻便简易导致其抗风、防雨、保暖的性能不佳。如果想要两全其美，也有办法解决，可以另外搭配天幕等装备。不推荐使用速开型帐篷作为过夜帐篷。不过，其速开、体积较小的特点，足够吸引带娃搬家式出行的家庭，如果你还没考虑好是否将露营作为常规活动，建议将速开帐篷作为第一选择。

炎帐

乍一听，"炎帐"这个类型可能并不熟悉，但尖顶、塔状的帐篷其实并不陌生，甚至是大多数人对帐篷的最初认知，这就是炎帐最显著的特色。拥有超高颜值的金字塔帐篷是任何露营地的一道亮丽风景线，搭配各种露营气氛组装备，出片率极高。同时，它也是实力和颜值并存的代表，特殊的外部造型使其具有出色的防风性能，就算是在野外过夜露营，也能为你提供一个不错的庇护场所。

5 如何选择适合我们的帐篷

不过独特的外形意味着需要更多搭建工作，因为金字塔的形状，尤其多角形金字塔帐的搭建需要更多的地钉固定各个边角，对场地也有较高要求——需要有更广阔的地面。此外，因为尖顶的设计，帐篷内部除中部可以供成人站立，其余四周略显局促，需要弯腰操作，对身体耐力是个考验，帐篷中杆的设计也降低了整体空间使用率。如果为了满足群体露营需求而选择大型金字塔帐篷，其收纳体积和搭建难度都会倍增，不建议自备，可以租赁营地的此类型帐篷。虽然现在市面上已经有了自动金字塔帐甚至还出现了无中杆设计的炎帐，但无法大幅提高三角塔形的空间利用率，还需要考虑其抗风性能会不会受到影响。

综合考虑，炎帐非高性价比的必需选择，适合追求出片的氛围群体，建议2—4人出游使用，大型炎帐不建议自备。

屋型帐篷

喜欢这款帐篷的你，一定也有个在森林中拥有一座小屋的梦想，把露营

我们去露营吧！

中"家"的仪式感发挥到极致的选择非屋型帐篷莫属了。如果给屋型帐篷个推广词，那一定是类似于"任何时候、任何地点，给你安全感"这类的，它太像童话故事里隐藏在茂密森林中的神秘小屋了，优秀的内部空间，满足你把它布置得和家里一模一样的需求。森林里闪烁出透过帐帘的幽黄灯光，而帐中是恍如家中一般温馨的你们，这是顶让人无法拒绝的帐篷，它是让你身在野外倍感亲切的存在。

  屋型帐篷的优点很突出，首先，空间利用率很高，可以容纳更多装备；其次，帐檐很高很长，多数屋型帐篷都自带小型天幕；再次，帐内空间优秀，可以直立行走。它的缺点也比较明显，虽然结构稳定，但由于横截面积大导致抗风性不如塔形帐篷，但通常场景过夜没有任何问题。搭建难度不高，但因为所需帐杆和帐钉数量较多，收纳和便携性一般。

美式弓形帐

它的外形特点是有个网状帐门,且自带天幕,近些年流行的"春日帐"就是此类帐篷。如果你想拥有屋型帐,又不希望太多帐杆等带来的负担,春日帐是个不错的选择。它的优缺点和屋型帐基本一样,不再赘述,可以理解为迷你屋型帐。和屋型帐不同的是,其占地面积较小,但防风性能一般,风雨天气不推荐用此类帐篷。

隧道帐

隧道帐起源于北欧,它的前身是护林人帐篷。在林间能够同时抵御寒冷和风雨状态随意切换的帐篷,兼具出色的抗风性和保暖功能。只不过比较起传统简易的护林人帐篷,更新换代后的隧道帐升级为一种可以DIY拼搭的帐

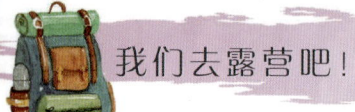

我们去露营吧！

篷，具备了更为宽敞的可分区空间。

隧道帐搭建后整体呈现管道状，所以也被称作通道帐，便捷的搭建方式仍是它的一大特色。如果你是和朋友一起露营，或者家庭式露营，那隧道帐是个不错的选择，分区式的设计满足不同时段不同人群需求，可以随意设置动静分区。比如两端设置两个卧室，中间区域为客厅，在夜晚可以避免打鼾带来的尴尬，孩子休息后，你们也可以继续在客厅区域享受浪漫时刻。

因为这种帐篷的搭建需要大量地钉固定，抗风和防暴雨性能出色的同时，无法避免的就是自身重量较大，如果要攀爬或者步行距离较长，搬运帐篷较为耗时耗力，比较推荐用于成熟的露营营地。

球形帐

球形帐绝对是营地造型最拉风的代表之一，搭建后一般呈半球或球形，有点后现代太空风格的个性化设计使它备受年轻人推崇。优点也是显而易见的，内部空间优秀，结构稳定，具有不错的防风性能，球形的外观也不容易造成顶部积水，现在市面上很多球形帐可以互相连接，互动娱乐性很强。

最初的球形帐常见于高海拔等极限环境使用，也叫测地线帐篷，搭配睡袋使用，在极地环境中，优秀的抗风性和不易囤积雨雪的优势发挥得淋漓尽致。但现今球形帐设计更多为了兼顾容积和美感，交叉杆式的结构已变得更为复杂，搭建难度较大，需要多人协助，新手需要提前做好攻略。

蒙古包帐篷

蒙古包帐篷和球形帐一样具有优秀的内部空间，颜值一流，但所需风绳和地钉较多，而且造型饱和度需要较高的搭建水平并反复调试。因体积庞大，不推荐家庭自备，在营地租赁即可。

综合来说，现今市面上的优秀帐篷数不胜数，更是向多种类融合的趋势发展，像无中杆设计自动开合金字塔帐篷，可抗暴风雪级别的屋式帐篷，以及轻量化蒙古包帐篷，搭配了天幕花式使用的帐篷更是如虎添翼，可以给自身属性加分不少。但也有不少新兴种类的帐篷，在解决自身短板的同时，也会带来别的缺点，需要我们综合考量利弊后做出选择。而且，目前市面上帐

篷品牌鱼龙混杂，良莠不齐，还需要作为消费者的我们擦亮眼睛甄别质量，更重要的是我们要量化自身需求，理性消费，不盲目追风，高性价比的选择才能让你更好地体会露营带来的纯粹快乐。相信在不久的未来，一定会有综合各类型优点的集大成者出现。

如何根据场景选择帐篷

如何挑选一款适合自己的帐篷呢？我们把露营大致分为两种主要场景：一种是专业登山徒步越野，一种是休闲亲子娱乐。

专业登山徒步越野，这类场景的帐篷可选择性比起休闲露营的帐篷要少得多。因为此类场景相对难度系数较高，而且对出行人员的专业性和装备的性能有较高要求。这类帐篷以轻量化+高防护性的小型帐篷为主。轻量化是为了减轻携带的重量，提升运动表现；高防护性可使出行人员在遇到极端气候环境时能更好地保护自身安全。

小型轻量化帐篷的搭建是非常容易的，单人几分钟就能完成搭建。较小的体积对场地的要求很低，在大风环境下比大型帐篷有更好的抗风表现。轻量化和收纳体积小带来的缺点是会牺牲舒适度和空间。此类玩法不适合露营新手。

亲子娱乐这类露营都很休闲，可选择的帐篷品类、外观有很多。推荐根据人数来选择不同的帐篷。

一个人露营，推荐小帐篷+天幕的方式，或者使用庇护所。庇护所的门就是一个小"天幕"，白天撑起来可以当天幕，晚上关起来就是帐篷的门。小帐篷优点是搭建容易，携带方便，基本用这个帐篷需要带的装备都比较简约和轻量化，一个背包就能装下所有装备，不需要搬运那么多的桌椅板凳、整理箱等，能很好地节约体力，并能很迅速地扎营拔营。缺点是舒适度低，

5 如何选择适合我们的帐篷

不带内帐可能会遭遇蚊虫侵袭。

两个人可以选择中型球帐或者塔帐,空间相对单人帐大很多,高度也能更舒服,大部分帐篷进出基本不需要弯腰。除了寝具以外,桌椅等家具也可以收在帐篷内,塔帐的空间利用率会更低一些,越往帐篷边缘所能利用的空间越小,但两个人基本够用。

单人或者两人露营都建议使用2倍人数型号的帐篷,比如单人选2人帐,两人选4人帐,这样可以提升露营时的舒适度。因为休闲露营不是专业长线徒步,对装备的重量和收纳尺寸没有那么高的要求,所以重量上稍微大一点不会有太大影响。

一家三口或者四口露营建议使用大型隧道帐,重量和收纳体积比较大,但是对于休闲亲子露营来说,大多营地都可以驱车到达,甚至有些营地有条件可以直接把车停在旁边。这类情况肯定是以舒适度为优先条件,大型隧道

我们去露营吧！

帐是多人露营的最佳选择。如果你问为什么不选择塔帐或者球帐？答案是这类帐篷由于空间利用率问题，一旦超过两人，睡眠系统会占据很大空间，如果帐篷内再布置点家具就更没地方下脚了。

隧道帐是家庭露营最优选择，原因很简单，一个好的大型隧道帐基本都是一室一厅，有的可以变成两室一厅。在营地里不管是遇到刮风下雨还是大太阳天，你都能有个很舒服的空间。独立的卧室可以在白天不用的时候封闭起来，哪怕你起床没收拾床铺和睡袋，只需要把"卧室"门一拉，里面再乱都看不到。白天还可以把一些不用的收纳包放里面，提升整个"客厅"的整洁度。平时"客厅里"摆好桌椅板凳也依然有活动空间，刮风下雨都不会淋湿装备。甚至可以摆一长条桌子多人聚餐。晚上睡觉也提高了人和装备的安全系数，所有东西都可以收在客厅里避免丢失或者被动物破坏。

适合单人露营帐篷推荐

类型	适用场景	适用人数	优点	缺点	适合过夜	搭建难度
速开帐篷	公园、气候宜人的日间露营	1~4人（也适合小家庭日间露营）	1. 搭建难度低，用时短； 2. 收纳体积、重量较小	1. 一般防风防雨保暖性差，风雨天气易刮跑； 2. 外观较为简约单一，空间较小	否	易
测地线帐篷	高海拔极地类型	1~4人	1. 高颜值； 2. 内部空间较大； 3. 结构稳定，抗风性、抵御风雪性能高	多为单层帐，需选配内帐，严寒天气需选配保暖值高的睡袋	是	中
鱼脊帐登山者/徒步背包客帐篷	登山、徒步等活动	1~2人	1. 轻便便携； 2. 易搭建，多数可在帐内生炉火； 3. 防风性能优越	1. 颜值一般； 2. 不适合新手	是	易
庇护所	野外林间露营、单人露营群体	1~2人	1. 轻便、易收纳； 2. 结构简单，搭建极其便捷； 3. 抗风稳定性差	1. 空间小，舒适度差； 2. 适合专业玩家	是	易

适合家庭露营帐篷推荐						
类型	适用场景	适用人数	优点	缺点	适合过夜	搭建难度
炎帐	各种露营场合	2~4人（小家庭露营）	1.外观造型拉风；2.防风效果出众；3.选配有出烟口，可搭配火炉等	1.占地面积较大，但空间利用率较低；2.搭建需多备地钉，较为耗费体力；3.通风性能一般，炎热夏季不适合帐内久待	是	中
蒙古包帐篷	固定露营地	群体、家庭式露营	1.高颜值；2.内部空间优秀，且空间利用率高；3.结构稳定，保暖抗风，抵御风雪性能高	1.体积庞大，自身重量较大；2.搭建复杂，移动、收纳不便	是	难
美式弓形帐篷	各种露营场合	2~4人（小家庭露营）	1.高颜值；2.通风性很好，内部空间优秀，且空间利用率高；3.搭建便捷，自带天幕	1.抗风性能一般；2.多为单层设计，不宜过夜	否	中
球形帐	各种露营场合	2~4人（选择支持拼接款，可多个家庭）	1.高颜值；2.内部空间优秀；3.结构稳定，抗风性、抵御风雪性能高	1.交叉杆式搭建，对于新手较为复杂，需要多人配合完成；2.多为单层帐，需选配内帐	是	难
隧道帐	各种露营场合	皆可	1.实现DIY功能分区，隐私性和实用性强；2.空间使用率超高；3.可随意切换天幕角度和位置，娱乐性强	1.自身重量较大，占地面积大，对营地地形有一定要求；2.搭建繁琐，需要大量地钉固定	是	中
屋型帐	各种露营场合	2~4人	1.颜值高；2.空间大且空间利用率很高，实用性强；3.多窗多纱帐设计，通风性好，选配黑胶涂层款，可有效降低夏天闷热感	1.搭建需要帐杆数量较多，配件沉重；2.自身体积较大，对场地面积有一定要求，收纳体积较大	是	中

97

我们去露营吧!

如何选择使用地钉

按地钉的横截面积划分，可以分为柱型、V型、TY型以及U型。不同形状的横截面积决定了地钉在使用的时候有不同形状的接触面积，从而会提供不同的拉力。按照拉力从大到小来说，U型的拉力最强，TY型和V型其次，柱型拉力相对最弱。比如，较硬的地面可以选择柱型地钉，方便快速地打进地下；较软的地面可以选择U型地钉，因为接触面积大，能牢固地咬住地面；介于硬地和软地之间的地面，就可以选择V型或者TY型这种万能结构的地钉。

按地钉的材质划分，可以分为塑料、铸铁、铝合金、钛合金和碳纤维等。塑料材质的地钉最便宜，在冬天使用容易断裂，硬一些的地面也无法使用；铸铁材质的地钉自重大，稳定性和质感都比较好；铝合金材质的地钉便宜且好用，但是太软，容易弯曲；钛合金材质的地钉轻便且坚硬，属于高端；碳纤维材质的地钉比较小众，不推荐新手选购。

越长的地钉所提供的拉力就越大，但同时自重也会更大。

不同的环境使用的地钉也不相同，比如木板地专用鱼骨钉，冰面上用冰地钉，还有沙地或者雪地专用的地钉。

首先，帐篷的各个角是需要地钉来固定的，风绳也需要地钉作为锚点。地钉的插入角度会直接影响到地

钉的稳固性，如果角度不对，地钉就很容易松动，若遇到大风天气，就会被风绳带出。

地钉正确的插入方法是与帐杆或风绳成直角，同时与地面成45°到60°角下钉，这样才有最大的固定阻力。

其次，打地钉所需要的工具。若是地面比较坚固，或者想要让地钉更稳固，可以用石头、锤子将其打入地面，但要记得留出地钉拉绳，方便拔取。

有的帐篷会在风绳上设计连接器，方便连接地钉与帐篷。因此掌握风绳结的打法也会方便我们连接地钉。

如何选择营地

选择一个好的露营地可以为你的露营之旅增光添彩。营地选不对，被淹的帐篷、倒下的树木和吵闹的邻居都会破坏你的露营体验，但这些都可以通过准备和计划来避免。

无论你是在房车里露营，还是在户外搭帐篷，选择露营地时都需要注意以下事项：

1.尽量在扎实、平坦的地上扎营。在搭建帐篷之前，请先清除帐篷下的尖锐碎片（岩石、树枝等）。

我们去露营吧！

2. 不要选择低凹地带扎营并检查营地的排水状况，如果周边地区向你的营地倾斜，半夜有降水，你所在的地点肯定会积水，会影响露营体验。

3. 不要在河岸边或者干涸的河床上扎营。此类区域非常危险，上游下雨，下游的水量会突然增大，很容易出现危险。

4. 帐篷的入口要背风，迎面风很容易吹得头疼，还要考虑到营地的用火安全，一阵大风把柴火吹起飞进帐篷是很危险的。

5. 不要将帐篷扎在山崖下面，防止碎石滚落的危险。

6. 扎营前检查周围状况，注意周围是否有毒虫、蛇或者凶猛的野生动物。

7. 在冬季，尝试将帐篷搭建在尽早受到太阳照射的地方。在夏天，尽量选择早上阴凉的地方。

8. 远离山洪暴发时可能充满水的低洼地方。远离山谷、峡谷和小而浅的河岸。避免在孤树、山顶、高山脊和其他可能的闪电目标附近露营。

如何打造我们的野外厨房
How to Build a Cookhouse

——露营时最喜欢做的事是什么？
——做饭。
——在家经常做吗？
——不，唯独露营时才觉得做饭这件事特别有趣。
不止一位露营爱好者曾给出过类似的回答。

我们去露营吧!

　　为什么平时不大接触料理的我们,会在露营时格外享受这件事情?正如日剧《露营物语》中,男女主人公一个喜欢在自然中发掘食材,一个擅长用罐头食品做出美味。关于煮食和用餐的镜头总是占整集中约三分之二的部分,就是想要告诉观众,在露营中,吃才是正经事。

　　大概是美食和露营都带有某种治愈力。无论是一人食还是和朋友们围坐在一起,露营都提供了一个特殊场所,让时间得以放慢,让我们有兴致悉心品味这些充满烟火气息的食物,感受那些庸常生活中所感受不到的滋味。

 打造一个户外移动厨房

炊具：

炉具

燃料

　　*常用的包括酒精、气罐、柴火、木炭

点火器

刀具

　　*若考虑轻量化，多功能瑞士刀也是个不错的选择。

　　*剪刀有时用起来比普通的菜刀灵活。

砧板

开瓶器

锅具

铲子与汤勺

　　*带个烧烤夹吧，煎东西、做烧烤都会用到，炒菜时还可替代铲子。

三角吊锅支架

　　*篝火一族的最爱

烤架

茶壶、烧水壶、咖啡壶

防火布

调料：

糖、盐、胡椒粉、酱油

　　*液体型调料建议用密封瓶包装妥善，喝完的矿泉水瓶也是理想容器，轻便又不易漏。

食用油

 我们去露营吧!

*带一块黄油足够烹煮不同类型的料理,固体状携带起来也很方便。

餐具:

桌布

餐盘、碗

*户外尽量避免一次性的餐具

杯子

餐巾纸

*户外有时洗手不便,湿纸巾往往更为实用。

筷子、刀叉、勺

6 如何打造我们的野外厨房

🧺 存储用品

户外冰箱
　　*冰袋或隔热袋非常适合短途露营，出行时间久且需要储存食物的话，可考虑车载冰箱。
蛋盒
密封袋
　　*密封保鲜袋是节省空间的选择，不耐压的食物则建议使用保鲜盒。

🧺 清洁用品

垃圾袋
洗涤剂、海绵擦
　　*海边露营时应避免使用化学剂，尽量选择可分解的清洗剂。
洗手液
　　*清洗完锅碗，也给双手去去油吧。

🧺 炊火与炉具

是否能用明火，是许多露营者选择营地时尤其在意的。生火方式直接关系到能够使用的炉具。我们甚至能透过煎、炒、烤、熏等不同烹饪手法感知火的大小、温度、形态与食物风味之间所产生的关联。总之，要做出一顿热气腾腾、让人充满食欲的料理，火是必不可少的核心要素。

但要在野外以最便利、安全的方式生火做饭，必须保持谨慎的态度。首先要了解营地环境及禁忌，其次要熟悉自己的炉具及其使用方法，最后要了解必要的户外防火知识。

卡式炉

卡式炉是一种便携式炉灶,在露营中最为常见。它类似家中的煤气灶,灶台和气罐合二为一,且多使用长气罐。卡式炉因操作简单、易于调节火力、放置稳定,属于安全性较高的户外炉具,是户外火锅、烧烤的不二选择。市面上,各大品牌生产的卡式炉做工成熟,具备如过压自动断气阻燃、气罐气压异常自动脱落等安全保护装置,是较适合露营新手的炊煮用具。

要特别注意气罐的相关安全准则,避免将其长时间放置于高温处,不自行填充气罐,并在丢弃前对废气罐进行放气处理。

气炉

轻量化露营玩家常携带气炉,相比卡式炉,其体积更小,更轻便。气炉通常分为一体炉和分体炉,前者炉头安装于气罐顶端,气罐本身作为基座;后者炉头与气罐分离,通过管道相连。气炉一般使用扁形气罐,炉头设计讲求可折叠性与稳定性。登山与徒步露营者使用气炉会大大减轻负重,在野外建议搭配防风圈等配件使用。

焚火台

倘若你想真实地体验一把"玩火",感受围炉夜话、烤火取暖的氛围,那么焚火台是最理想的选择。焚火台有利于将火源与周边环境中的易燃物(特别是土壤中的植被)隔绝开来,从而保证明火的使用安全。

这种以木柴为燃料的器具生火过程相对繁琐,对使用场地有所要求,建议新手在指导下使用。但也因其仪式感,深受如BC(brushcraft,丛林生活技能)露营玩家的喜爱,他们常常在焚火台上制作野性十足的料理。可选择有一定深度和宽度的焚火台,既可减少火花和烟灰的溅出,也便于架设烤网或锅架等配件。

酒精炉

酒精炉需要通过固体酒精来实现燃烧,它的优点在于体积小、足够轻便,价格也较为低廉。缺点是热量低、加热慢、燃烧时间短,适合单人背包露营,烹煮简单的食物或速食料理。

炭烤炉

虽然我们也会在家中用电烤盘进行烧烤,但真正的BBQ王道,非炭烤式烧烤炉莫属。浓烈的炭火香气才是一顿烧烤的精髓所在。如今,户外烧烤炉有着非常多的款式,可根据人数和烤制方法进行选择。炭烤方式虽然美味度升级,但使用前的引燃木炭和使用后的炉体清洁往往令人头疼,建议购买环保型的无烟炭、速燃炭,并搭配喷枪、引火桶等辅助工具使用,提升炭烤时的体验感。

我们去露营吧!

🧺 锅具和餐具

你完全可以将家中日用的锅碗带去露营,事实上,许多家庭正是这么做的,熟悉的厨具操作起来更为顺手。不过,它们往往因为在重量和观感等方面并不那么"适配"于露营场景,有时甚至无法将它们架设在篝火上,或稳稳放置于气罐炉头。因此,合适的锅具与餐具,能让你在户外炊煮时如虎添翼,也能为野外的餐桌增添更多仪式感。

铸铁锅

铸铁锅的质地有一定深度,外壁厚实,带有锅盖,被料理达人视为"万能锅"。它可以完成不同手法的烹饪:煲汤、炖煮、烟熏、烘烤、干烙……

铸铁锅尽管厚重而不易携带，与户外一贯的轻量化趋势相悖，但铸铁锅的可爱之处正在于它的这点钝感与朴拙。它黝黑的外观更能衬托出食物的诱人色泽。也正由于锅体的厚度而蓄热性极佳，能够长时间维持锅内热量，在户外使用时能够缩短料理时长，同时保证了食材的最佳口感及营养。此外，铸铁锅在烹煮时较容易产生"梅纳反应"，使食材带有一种独特的焦香味。

料理经验丰富的露营者喜欢用铸铁锅来做"野人料理"，直接将它放置在焚火台的直火上，做各种肉类食物，类似窑烤的做法：将整只鸡或腌渍好的猪肋排丢进去，待食材表面出现一层焦色后起锅，打开锅盖，瞬间香气四溢。无须讲究摆盘，要的就是这种大口吃肉的感觉。

倘若搭配上三角吊架，把食物放在篝火中慢煮或熏制，静静等待美味熟成的刹那，时间都会放慢步调。

应注意的是，铸铁锅需要做好日常保养，预防生锈。每次清洗完须用小火将锅体烤干，去除残留的水分，并在储存时保持干燥。当然，如今露营中也有不少人干脆携带不锈钢或铝制的炖煮锅，可根据自身需求、装备负重等因素进行选择。

平底锅

想做简单的煎蛋、炸猪排或是炒一道快手菜，浅口平底锅便在此时派上用场。平底锅使食材在煎炒过程中受热均匀，在食用油的搭配下，这类嗞嗞作响的料理能调动视觉、嗅觉和听觉多重感官。平底锅方便你拿着铲子随时翻炒食物，这种操作感在户外更能突显料理的乐趣。你有时会变得很忙，转眼间，一道美味便出锅了。

建议选择带安全涂层的不粘锅，煎炸时食物不会粘在锅子上，保持食材完整又容易清洗。同时也可根据喜好选一口美观度高的平底锅，它可以直接端上餐桌，不必多费一个容器。

我们去露营吧!

户外便当盒

户外便当盒是时下风靡的一款野外炊具,它的外观是一只复古食盒,但功能绝不止携带便当那么简单,其可玩性十分强大:铝合金的材质能让它在火上快速受热,盖紧盖子又能闷煮食物。折叠式的手柄做了隔热处理,方便料理者手握。

可以用它做出香喷喷的米饭料理,如白饭、粥、煲仔饭等;或是煮泡面;或

拿来煎东西；还可附上蒸架，瞬间化身蒸笼，做蒸饺、包子等。建议买尺寸大点的，还可当作餐具的收纳盒。

户外烧水壶

露营的仪式感充分体现在煮水这件再普通不过的小事上。除了做饭需要热水，更多的是用来制作饮品。户外烧水壶通常针对便携性而设计，体积小、扁身、轻盈的铝合金材质、细把手，方便携带和提拿。

随着露营的风靡，市面上出现了花样繁多的烧水壶设计，如中式风格的户外煮茶壶，为精致露营设计的搪瓷复古水壶，还有咖啡爱好者必备的细长嘴手冲壶……露营，就是享受每一份微小的幸福，包括饮水。

我们去露营吧！

塞拉杯

你可能时常在露营场景中碰见人们用一种带有钩状金属丝手柄、宽口窄底的圆形杯子，乍一看分不清是碗还是杯子，这正是充满传奇色彩的塞拉杯（Sierra Cup）。它的历史可以追溯到1905年，由塞拉俱乐部创始人John Muir发明，此后它跟随俱乐部里的这群环保主义者不断涉足荒野，如今已成为承载着户外精神的容器。

塞拉杯不仅仅是一个象征，穿越百年仍被人们所钟爱的原因还在于其强大的功能性，它可以在火上作为迷你煮食器，也便于户外运动时别在腰间或挂在背包上，必要时，还能充当挖雪或泥土的铲子，户外属性拉满。

钛杯

钛杯虽然是后起之秀，但近些年在户外圈中风头强劲。入手一只钛杯，你首先感叹的是它的轻。一只300ml的钛杯，重量仅有50g，且在非常薄的质地下丝毫不影响其硬度，使用中不用担心因碰撞而变形。它比一般的水杯更具有保温性，放冰块进去不易融化，夏天喝冷饮口感极佳。

你也可以将它直接丢在火上煮一杯茶，会看到其外观渐渐烧至色彩斑斓，这是由于随着温度变化，钛产生了氧化层。不过，烧之前最好想清楚，这个过程是不可逆的。可是，大多使用钛杯的人不正是喜欢它的这种独一无二的酷炫感吗？

硅胶折叠餐具

碗、碟这类餐具在露营中总显得有些鸡肋，携带不便且笨重，放置起来尤其占地方。可以试试这种可折叠的高韧度硅胶餐具，轻便又节省空间。底座为尼龙材质，因此叠平后，还能作为砧板使用，可谓轻量化露营者的福音。

食材筹备与储存

想要在露营中享用丰富的餐食，相比烹煮过程，出行前的备餐更耗费精力。与你在家中做饭前所做的食材筹备不同的是，你需要充分考量野外的环境条件。可先思考两个主要问题：露营多少天？将有多少人用餐？然后再进一步制订更详细的伙食计划。

规划，用满食材

合理规划食材的品种和用量，可避免盲目背负过重的食材而最终造成腐坏和浪费。不妨列出每一天、每一顿的菜单和所需食材，尽可能详细。尽量"一物多用"，即减少种类，多做搭配。一些"全能食材"，如鸡蛋、生菜、番茄等能横跨热菜、冷碟、中餐、西餐多个菜系，你总能用到它们。

倘若短期露营，如两天一夜的行程，不妨任性些，带上所有你想吃的东

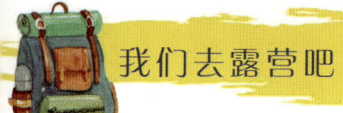

我们去露营吧！

西，因为最盛大的往往只是一顿晚餐。但如果是更长时间的露营，如长线徒步、登山等活动，则需要以更谨慎的态度对待所需携带的食物，从重量、能量、赏味期限等多方面考虑。

预制，别排斥半成品

新鲜的食物当然最佳，但不必排斥半成品，用好半成品有时会使你在露营料理上事半功倍。一些难以煮熟的食材可以预先在家做好。生肉在携带过程中会有滋生细菌的风险，介意的露营者应提前将肉煮好进行分装。对于复杂的料理，尤其是程序多、调料杂的中餐、汤品，出发前做好再冷冻起来，露营中加热即可食用，既省时又省力。

半成品的另一个概念是罐头、速食这类加工食品，它们经过特殊包装处理后，保质期久、易于携带。半成品的产品线越来越丰富：午餐肉、豆豉鱼、鹰嘴豆、甜玉米……试着用它们混搭出不一样的料理吧。

打包，食材科学"收纳"

果蔬和肉类、生食与熟食都建议用保鲜袋进行分装，重量轻、不占空间。尽量使用拉链款密封袋，防止食材之间交叉感染、串味。水果在家洗净外皮携带，可提前切好，方便露营时即取即食。有些露营者也会根据每餐的搭配、用量来打包食材。不能挤压的食材，可用密封盒来盛放。

保温，让新鲜持久

食材在户外的保温早已不再是需要担心的问题，你甚至可以在大夏天尽情地享受冰块和冰饮，只需准备一个户外冰箱。拥有超厚隔温层的户外冰箱能保证超过24小时的冷藏效果，冰块在你一夜醒来后都不至于完全融化。它的缺点是略显笨重，需额外放置冰袋。建议将冰袋换成冷冻饮料，这样既节省空间，又能随时取饮。

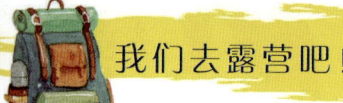

我们去露营吧！

倘若露营的时间较长，或对食品储存有更高需求，建议备一个移动电源，还可以使用车载式移动电冰箱。

惊喜，淘遍当地菜场

这是露营达人所透露的一个私人乐趣——逛当地菜市场！不要将行程限制在营地里，去周围不远的菜市场走走，淘一淘时鲜或当地风味，为料理增添一分惊喜。有些营地设有天然有机农场，不妨取一些食材回来现做，品尝最新鲜的滋味。

早餐篇

还得是三明治！

嘿，明早吃什么？

6 如何打造我们的野外厨房

每每晚间大餐一顿后，躺在帐篷里放空思绪，若身边有人问及这个话题，此时最聪明的回答大概就是：三明治。

瞧，多么言简意赅，多么老少咸宜。

许多露营者喜欢它简单方便的料理方式下毫不含糊的口感。"面包裹内馅"的构造决定了它"傻瓜式"的操作——无须耗费太多精力，料理程序也并不繁琐。有些三明治制作起来甚至不需用到明火，准备好面包、新鲜蔬菜、火腿、酱料，短短几分钟便可开吃。

但对于深谙料理之道的那些露营达人来说，三明治是有着无数可能的。它像一个手工艺品，以不同原料，诞生出切合"可口"一词的理想模型。

试着先将面包放在火上烤一烤，你可以观察到它的表面一点点变得焦黄，闻到散发出来的蛋奶香。此刻，面包纤维变得酥脆，做成的三明治刚好带着微微热度。别忘了夹一片芝士，让保留的热气将芝士慢慢变软。有的卡式炉配有面包烘烤架，使制作过程变得更为有趣，而有一些露营者则更倾向于炭烤的方式。这种充盈着炭火香气的三明治很难不叫人胃口大开。

换一种面包，也能在这道食物上玩出不同的花样。将切片面包换成酥皮的可颂、柔韧的英式玛芬、充满咀嚼感的法棍或是松软湿糯的恰巴塔，会品尝出截然不同的风味与口感。且忘掉三明治是"简单地将食材组合在一起"

117

我们去露营吧！

  这一概念，来做一份更加丰富的内馅吧，反正露营有大把时间可以"挥霍"。将口蘑、洋葱用黄油炒软，混入蛋液、生菜，做一份菌菇馅儿的三明治。香蕉切片，稍微煎软、逼出焦糖，夹在面包中，加上花生酱或榛子巧克力酱，就成了小孩子喜欢的一道甜品。

  还有些类型不同的三明治，如汉堡、热狗、帕尼尼，同样在露营中的出现频率很高。帕尼尼即一种热压三明治，露营者会将三明治放进三明治烤夹，搁在火上烤数分钟，三明治的边被压成闭合的口袋形状。别忘了在馅料中丢一把马苏里拉芝士，切开后，会看到芝士融化后的牵丝。不喜欢将食材混杂在一起的人，以同样的食材精心摆盘，就成了传统英式早餐的样子。它们被满满盛放在盘中的样子既好看又能唤醒食欲。

  三明治大抵属于时下流行的"轻食"。做法简单，食材丰富而营养，蔬菜、肉类和谷物完美配比，摄取的热量足够为接下来的户外行程做好体能储备。

6 如何打造我们的野外厨房

露营时很适合一边欣赏着风景，一边享用一顿这样的轻食早午餐。放慢用餐速度，享受眼前的这份惬意。

——像国王一样吃早餐。

平时的我们又有多少机会能够体验这样一顿"慢早餐"。但当你在露营期间的某个早晨，看着盘子里被煎得弯曲的、仿佛微笑着的香肠，金灿灿的流心蛋，生机勃勃的蔬菜沙拉，总能让你对这全新的一天充满愉悦与憧憬。

🍲 奇怪，我变得会做饭了

在中国饮食文化里，饭，指代一切主食。很多人觉得没吃主食，就好像什么都没吃一样。大概将这件事看得太过郑重，以至于做一餐饭成了困扰很多人的难题。填饱肚子简单，但要做得有模有样、色香味俱佳却绝非易事。

不妨在户外尝试一种"懒人料理法"，其精髓是用最少的程序、最简单的锅具和调料，做出一道饱腹又美味的餐食。简化程序，是为了让你在制作过程中不至于手忙脚乱，而减少锅具的使用，能大大降低户外清洗的麻烦。

一些露营料理达人可以在一只锅中完成所有步骤，做出令人垂涎的主

6 如何打造我们的野外厨房

食料理——无须将米饭和配菜分开，而是让配菜的汁水与油脂充分渗进米饭里，使米饭的口感更具层次。

121

我们去露营吧!

煲仔饭的做法便遵循此道。用带盖的铸铁锅取代砂锅,加入生米和适量水,沿锅壁倒入少许食用油,盖上锅盖焖煮。待米粒胀开半熟时,在上面铺满腊肠、腊排骨等风干制品,继续煮至米饭熟透。揭开盖子,淋入鲜味生抽,搅动锅壁上已生成的一圈锅巴。此时,每一粒米都混合了腊肉的油脂而变得晶莹饱满,伴随扑鼻香气,叫人齿颊生津。

类似的一道风味主食——焗饭,这种由奶酪助阵的料理,颇受孩童喜爱。在家中做焗饭通常会用到烤箱,在户外则是放在篝火上或炉上烘制。焗饭并不限定食材搭配,在米饭上加入半成品配菜如茄汁肉酱,再加入西兰花、玉米粒,最后铺上一层厚厚的奶酪。待奶酪溶化,酸甜可口的酱汁和着米饭来上一口,奶香顷刻充盈味蕾。焗饭尤其适合秋冬季节的露营,即使夜晚户外天气骤冷,这种高热量的主食也能让身体瞬间感到温暖。

若论异域风味,非咖喱饭莫属,做法简便又不易出错。洋葱、土豆、肉或海鲜加上即食咖喱块或咖喱酱包,就能很快煮出香浓的咖喱。这种号称"米饭杀手"的料理对露营非常友好,因为市面上可以买到丰富的咖喱酱半成品，甚至可以在南洋、泰式、日式等诸多口味中斟酌选择一番。当然，喜欢印度风味的话，可以带上一瓶姜黄粉，混在饭中一起煮，这种米饭带有浓郁辛香料的滋味，再用铸铁锅炖一锅黄油鸡可谓绝配。

还有一种快手主食能够完美解决露营中那些无法带回家的剩余食材，那就是炒饭。没错，用冷饭甚至隔夜饭做炒饭再好不过：米粒因为水分流失，在炒制过程中不易粘黏，炒出来的米饭粒粒分明，并带有嚼劲。炒饭时可以加上没有用光的鸡蛋、菜、肉，既不浪费又足够可口。

不排除许多露营者会带上完备的调料、厨具来到户外大显身手，新鲜的环境更能激发料理热情，轻松做出满桌的菜品。但对于那些平时不常下厨、缺乏料理基础的人，不妨将露营料理当成一次新手实践，你会发现这件事充满趣味和成就感——它们是如此简单，观赏性和美味程度也丝毫不打折扣。

日常主食还包括粥和面条，不过这些主食较常出现在露营第二天的早餐中，热乎乎的一碗下肚，肠胃顿时舒服起来。看着东方既白，营火还未全然熄灭，感受一种独属于露营的朴素而微小的幸福。

小食篇

🍞 毛豆、年糕与烤棉花糖

相较于填饱肚子，露营中我们有更多闲暇时间来打开五感，细细品味每一种食物与自然、自我之间的某种联结。

6 如何打造我们的野外厨房

日剧《露营物语》中的女主人公时常在扎下营后，于营地周边找寻一些野味来食用。去山间采摘野菜，做一道炸天妇罗，或是去海边花一下午时间垂钓，回营地后煮一锅滋味鲜美的味噌鱼汤……

并不是城市里买不到这些食物，而是当你从自然中获取这一切，将之转化成一道道自己喜欢的料理时，你会专注在这一过程中：那些寻觅中的渴望、收获时的喜悦、烹煮时的期待，连同嗞嗞作响的油花和咕嘟咕嘟翻滚的浓汤一起被放大，成为独一无二的记忆。

藉由食物去感受自然，感恩它予以我们的馈赠，是露营中一件尤为美妙的事情。

喜欢以Bushcraft（丛林生活技能）方式露营的嘉嘉，总能在料理中掺入几分野趣。夏日时，她用山涧中清冽的泉水煮食毛豆，为这道咸食加一些若有似无的甘甜。山中遇到莓果树的话，便采上满满一碗来解馋，酸甜可口，解暑生津。有时候还需要发挥创意，比如做一道石板烤年糕，滚烫的石板既是锅具又是天然的盛器。至于树枝呢，索性拿来挂上叉烧，风干出别样的滋味。

且以四季为引，通过料理来倾听山间的微风、触摸身旁的流水、闻一闻海浪和阳光的味道，佐上树荫、花瓣和星光，露营料理的绝佳之处正在于此。

北美露营中，有一种传统的露营零食——烤棉花糖。饭后，所有人围着篝火，用木枝或竹签穿起棉花糖，置于火上烘烤片刻，直到表面微焦，咬开烘得脆脆的外层，里面半融化的状态给人意想不到的口感——这不是棉花糖，而是焦糖布蕾！此时可以再拿两片饼干，将烤棉花糖蘸些许巧克力酱，夹在饼干中间，就成了另一道传统露营小食——S'mores（棉花糖点心）。这是独属于露营的甜蜜时刻，抛开那些超市里司空见惯的零食，动手做一道抚慰人心的甜点。

 我们去露营吧！

　　露营的下午茶值得多花点心思。松饼、华夫饼这类甜食的做法或许要比你想象中简单许多，只要一口煎锅或华夫饼夹，用低筋面粉，混合一定比例的糖、油、奶、蛋、水，倒入模具中火烤即可。面浆逐渐膨胀，成型后内软外酥，还可放上水果和蜂蜜来点缀。

　　再放一段音乐，配上一杯茶或咖啡，我们总无法抗拒那些能使人心情变好的事物。

 饮品篇

 咖啡上瘾者与户外酒鬼

　　咖啡其实是种性质矛盾的饮品，一方面，有些人在劳碌中需要它来解

乏、提神；一方面，又有些人通过喝咖啡来消磨时光。露营中喜喝咖啡的人，大抵属于后者。

营地与帐篷搭建起一个风景无限的露天咖啡馆，在这里，一切事情的节奏都可以放缓。即使习惯了意式浓缩espresso，也很少有人会将咖啡机搬来户外。露营者钟爱从磨豆子开始，全然手工地做出一杯咖啡。

必不可少的器具是手摇磨豆机，现磨的豆子才会散发出最新鲜、浓郁的咖啡香气。使一点力气并掌握好研磨粉末的粗细，是鲜煮咖啡的第一步。

不同的方式，制作出的咖啡风味截然不同。摩卡壶是户外常见的咖啡器具之一，原因是轻便。搭配上卡式炉，能快速煮出带有丰富油脂的意式浓缩咖啡（Espresso）。之后根据个人喜好，搭配牛奶做成拿铁，或是加上清水调和一杯美式。

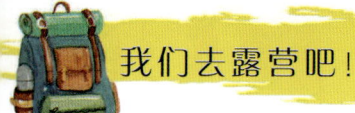
我们去露营吧!

　　另一类咖啡迷,认为露营氛围和手冲咖啡更为合适——不赶时间,可以不紧不慢地看着咖啡液雨滴一般落入杯子里。一些户外品牌亦设计了折叠式的咖啡滴漏,和自家的户外马克杯组合售卖,正中咖啡老饕的胃口。

　　的确,对咖啡上瘾者而言,咖啡不可或缺。无论在平日还是去露营,一天不喝上一杯怎么醒得来?又怎么元气满满地进行下一波户外活动呢?

　　有人爱喝咖啡,自然就有人喜欢饮茶。作为山水资源丰富的户外大省,广东和福建一带的露营者即使去到野外,也不忘带上一整套迷你版本的工夫茶具,包括茶壶、茶碗、茶杯、茶勺等。虽然不如家里茶海上的完整,但其复杂程度也足以令人感叹。对饮茶这事,怎么也轻量不得的。再取一瓢山泉水来泡茶,啜饮下一杯杯风雅。

6 如何打造我们的野外厨房

如果说咖啡和茶占据了白天的露营，那么晚上必备的饮品只有一样——酒。电影《杯酒人生》中，酒精带有洒脱与自由的意象。在酒精作用下，人的身心渐渐松弛，独酌或是举杯欢庆，成年人的生活需要点恰到好处的微醺。篝火旁也确实适合一场关于倾听与诉说的故事会。

市面上一些啤酒品牌陆续推出了户外元素包装的精酿系列，以冒险的图腾来进行品牌创新，研发了限定风味。此外，也可以自己调制果酒，如西班牙有一款经典调酒——桑格利亚（Sangria），由红酒和缤纷水果调出的酸甜口感，太适合欢畅的露营时光了。

露营穿搭

Camping Wear

提到露营穿搭,你也许早已在商场各大品牌的橱窗内留意到这类风格的商品,无论是专业户外品牌,还是快时尚品牌,商家们总能凭借敏锐的嗅觉,洞察到人群里新的生活方式,主动契合大众的消费潮流。

户外服饰在衍生出专门的时尚风格前,它只用于满足人们的特定需求。当人们将要进行户外活动,如登山、徒步、冲浪、潜水等,需要相应的衣物、鞋履、背包时,它们通常被视为必要装备,很少和美感、时尚沾边。

我们去露营吧!

　　传统户外品牌率先拥抱了时尚,这是个自我重塑的过程。举个例子,20世纪90年代,以经营硬核登山类服饰为主的某知名户外品牌发现其产品在纽约市区的说唱歌手中大受欢迎,于是开始打破圈层,设计出迎合这一人群的产品,在服饰的款式设计中融入街头潮流元素,使品牌知名度在除户外人士之外的人群中得到大幅提升。到了2000年,该品牌将业务拓宽到更多常规的服饰领域,给那些并不参与户外活动,但看中其设计和品质的人,增添一种日常生活的穿衣选择。

　　几乎同时期,其他一些类似的户外品牌都加入到这股"重塑经典"的热潮中,它们有着共同的市场目标——非专业人士,并且为贴合这些受众的日常需求,往往在保留其特定户外元素及功能的同时,主动与时尚趋势融合。

与之对应的，则是时尚品牌开始将目光投向户外圈。让时尚介入户外，为品牌本身注入全新灵魂。近年来，一线大牌相继推出户外主题的系列产品，其中，露营作为时下最热门的新兴生活方式，为其提供了绝佳载体。

一方面，露营是极具市场价值的消费符号。它所代表的文化属性与生活理念是这些奢侈品牌试图贴合的，即城市中产和新兴消费群体如何度过自己的空闲时间。而从露营延伸出的，是都市人从喧嚣日常中遁逃的渴望，对去大自然实现返璞归真的憧憬。品牌借以乌托邦式的叙事，为消费者编织新的理想图腾。

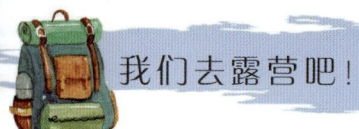
我们去露营吧！

那么，露营穿什么？当你试图将这个问题抛给露营达人们，哪怕是那些被一贯称赞为"很会穿"的户外时尚博主，收到的回复多数仍围绕两个我们再熟悉不过的关键词：舒适与休闲。

很容易理解这种轻巧而随性的回答，就像我们同样默认了在许多商务场合须着正装。露营穿搭并没有所谓约定俗成的制式，参考时下流行的户外穿搭风格之余，大可以塑造一份独属于自己的露营时尚。

山系穿搭

Yama Style山系，是如今露营穿搭中被提及频率最高的词。

这个词来源于日本，"Yama"即日文中"山"的意思，Yama Style便是山系文化衍生出的潮流。日本国土面积不大，却有70%的土地为丘陵与山地，人们对山岳、自然的崇敬由来已久。

丰富的山脉资源，兴盛了本土的登山运动。即使没有关注过日本登山圈，也多少会从以山岳为主题的文学、动漫、电影中发现这个民族与山之间的紧密联系。这些作品里，"山岳"往往代表着一种超脱世俗生活的精神追求，蕴藏着自然给予人的抚慰与治愈之力。而除了登山以外，围绕山野的一系列户外活动，如徒步、垂钓以及露营等，也聚集起相当多的爱好者。

Yama Style本是个宽泛的概念，涵盖衣食住行等相关的趣味和审美元素。若单论穿搭，指的就是上述山野活动中会穿的衣服。典型的山系着装配色中，以自然色系为主，多以大地、森林、海洋的棕、绿、蓝为底色，给人以舒适之感。除此之外，也会考虑到季节因素，如夏季偏清新明亮，冬季则多为温暖色调。

穿搭方式上，较为典型的是"多层次"，也就是叠穿。如简单T恤外，加一件马甲，彰显个性的同时，也提升了整体的功能性。有些达人则会在运动紧身裤外套一条户外短裤，下面搭配一双登山靴，增添硬核感。也可以将

我们去露营吧！

一件其他风格的衣服与户外单品进行搭配，形成别具一格的混搭风格。事实上，身边越来越多的人在这么做。想象一下，一件学院风格的衬衫，搭配一顶渔夫帽，以及一双运动长袜和帆布鞋，俨然一副课后随时要奔向林间的样子。

倘若你在城市中遇见那些身穿冲锋衣、背着登山包的人，便认为对方正要进山或刚刚结束攀登，那么，你也许是误会了。对方可能只是喜欢这种Urban Outdoor（城市户外）的穿法。

Urban Outdoor是山系穿搭里"大行其道"的一种存在，也是如今被各大品牌争相推出的新支线。Urban在前，因此，它主要针对的场景不是户外，而是人们的日常生活。那些户外元素，被巧妙地嫁接、融合到时装的设计理念、剪裁、配色、面料中，使之兼具美感与户外功能。

一些典型单品，例如一件简单的、印有山系图腾的口袋T恤，便属于Urban Outdoor。T恤为棉质，它的口袋却用了尼龙布料拼接，显出一丝趣味。口袋上还特别做了束口，保证收纳的物品不易掉落。而防晒服则采用极轻薄的防水面料，收纳时，整件衣服可被压缩折叠进其手掌大小的侧口袋内，小如一只零钱包，能轻松塞进包里。将斜挎包上的肩带换成救生绳，这种花色醒目的绳子细而结实，携带些日常小物再好不过。

Urban Outdoor的态度在于打破城市与户外的界限，让人们可以在两者间自由穿梭。你可以毫不违和地穿去露营，也可以使日常通勤的装束多一丝轻松的山野氛围。

7 露营穿搭

机能风

"机能"二字充分定义了这种风格的特性：具备强大的功能属性。机能服装专为应对变幻莫测的户外环境而生，喜欢这种风格的人大多彰显出一种偏硬核、具备冒险精神的态度。

露营属于轻户外的一类，但热衷露营、喜欢探索自然的人，往往并不将自己圈定在那些相对成熟、完备的露营区域，有时他们会去往高山深林。在

我们去露营吧！

那些环境气候更严酷的地方，机能型服装的优势便会突显出来。

冲锋衣便是强调机能属性的典范。一件好的冲锋衣，能帮你抵御极端天气的同时，让你灵活自如地进行户外活动。这取决于它的面料和防风科技。

冲锋衣的外层面料经过涂层处理，具有密度高、防渗透性强的特点，阻水、挡风且透气性良好。

在购买衣物时，认识一些面料品牌也会使穿搭的机能性升级。比如GORE-TEX就是户外服装里最常见的一款防水透气布料，它是世界上首制的防水排湿型布料。其核心技术研发于1969年，一种用e-PTFE氟树脂制成的薄膜，这种薄膜的厚度仅有0.01毫米，而每平方毫米分布着14亿个微小孔隙，孔的大小仅为水分子的700倍，因此令水滴无法渗入，而水蒸气却能从里穿透出来。

机能风有着强科技属性，每件机能产品的背后，都有可能蕴含生物、材料学、工科等专业领域共同创造支持的一种理性思维。机能性服饰能帮助玩家"冷静"面对户外的各种不确定性，让他们从容不迫地体验自然带来的一切未知。

不过，你也可以单纯地欣赏机能风穿搭的某种特殊美感。无论是冲锋衣，还是近些年大热单品如溯溪鞋、渔夫背心等，这些功能突出的产品通过款式设计和色彩搭配同样拥有了亮眼的外观，在露营中成为出镜率极高的搭配。

都说时尚是一种轮回，在国际前沿的品牌秀场，每年都可以看到复古设计的回归。有时候，我们会用具体的年代去定义它，如20世纪70年代或80年代风格，或是某种标志性符号，如条纹、波点等。同样，很多人热衷将这种复古（vintage）的风格带到露营场景中，增添怀旧腔调，这并不违和。

7 露营穿搭

露营中的很多单品都能将我们带回探险的黄金年代，那些铺在桌上的印第安羊毛毯、工艺复杂的煤气灯、铝制收纳箱，甚至一盏电扇，都令人仿若置身于只能在电影中找寻到的荒野。复古风格的穿搭也不例外。那些款式经过岁月沉淀后，成为更具历史厚度的经典，像隐藏了一段有待讲述的故事。

工装风格的穿搭在露营场景中十分常见，比如背带裤。所谓工装，在欧美曾特指工人干活时的着装。因为常常要与较脏乱的环境打交道，所以工装通常以结实的牛仔、帆布为主，具有耐脏耐磨的特性。因此，便不难理解背带裤、夹克、工装裤为何受到露营爱好者的欢迎。耐用、随意且上身即呈现出的酷感是工装的本色。

行军也属于户外活动，在军事技术尚不发达时，野外生存是军人必备的技能，而这些技能如今也被使用在露营中，尤其是Bushcraft方式的露营。虽然热衷军事风格穿搭的圈层较为小众，但复古军品能为露营带来一种硬核氛围。同时，这类服装也极其注重性能，比如御寒、耐拉扯。一些单品，如战术背包、野战夹克、迷彩服等都是军事风爱好者的收藏款式。

翻开露营达人的衣柜

嘉嘉
露营玩家、Bushcraft爱好者

露营前，穿搭方面最先考虑哪些因素？

首先会考虑环境、天气，其次是使用场景。

如果是一个比较成熟的营地，各方面设施比较齐全，我就会只带一些日常的衣物，比如夏天就是短裤，然后搭一些没那么硬核的、休闲款式的上衣；如果是去徒步、登山，我会准备一两套偏机能的穿搭；如果是去玩水，我会带一些防水的衣服。穿什么主要根据玩的内容来定。

露营时，比较倾向哪一种穿搭风格？

我比较偏向机能风格，喜欢这个风格里简单些的搭配。

我最早入门的户外活动是野外生存，在此基础上接触到BC（Bushcraft的缩写），之后是BC露营，这就需要掌握许多野外的生存技能，如果穿戴太多的话，活动起来会很不方便。其实，只要有一套装束就可以把自己保护好，太多叠加的东西反而很容易变成你在户外的累赘。

推荐一种你露营时出镜率高的服装款式

一般穿得最多的是冲锋裤，即使酷暑时节进山，我依然会选择穿一条长裤。在城市露营，可以直接开车到达扎营点，且没有障碍物。在山里露营，时不时需要攀山涉水，冲锋裤会起到保护作用。

7 露营穿搭

天气热的话,我会在防风防雨的外套里穿一件透气的T恤。到了营地后,可以根据天气情况,脱掉外套,或者再换一条短裤。

👢 **看看嘉嘉的衣柜里有哪些露营装束吧!**

在城市或市郊的一些成熟营地,如果选择轻户外露营,可以考虑时尚度较高的穿搭。羊毛衬衫能够渲染出一种北欧范儿,给人更加深沉、原生态的自然感。

冬季露营时,纯白羽绒外套配上不锈钢水壶,给人一种温暖的视觉感受。你可以直接将这只水壶架到火上烤,很快就会有热水喝啦。

143

冬季户外,一件羊毛打底衫会让保暖性提升很多,条纹款式一扫沉闷,增添了复古感。对于热爱野营的人来说,深山地区气候变幻莫测,穿衣方面做好防护可防止失温风险。

7 露营穿搭

一般的徒步鞋或登山鞋只具有防泼水的功能，长时间在水里走动也会湿。不妨穿一双防水袜，即使泡在水里，这种袜子也能让双脚持续保持干爽。

冬天最好的选择则是羊毛袜，保暖性极佳。它柔软的质感，能降低走路时脚与鞋之间的摩擦，保护双脚长时间的运动也不起泡。

这款容量超大的背包布满细节：它的外挂可以放防潮垫或其他物品，后面网绳式口袋既能调节宽松度，也便于放置登山杖这类需随时取出的装备，它甚至无须任何额外配件，凭借自身的结构和设计就能拥有惊人的收纳力。

格里戈里
户外生活方式博主

你理解的山系穿搭具有哪些特点？

首先是颜色。山系一般偏向大地色或是低饱和色系，比如卡其色、军绿色。近些年又从某些植物上获得灵感，吸取了一些自然界中天然的色系，你

145

我们去露营吧！

无法说出它是哪种具体的颜色，但是视觉上又很舒适和谐。

其次是叠穿。山系里蛮多人喜欢这种穿搭方式，在固定穿搭法则的基础上，根据自己的感觉再去搭配。

比如洋葱叠穿法则、三层叠穿法，此前多针对户外徒步、登山这类比较专业的户外运动，最里边一层往往选择排汗性强、透气材质的打底，如贴袖、短袖；中间夹层起保暖作用，选择抓绒或比较轻的软壳冲锋衣，能够锁住体温；最外层选择防风性好的外套或冲锋衣。这样的穿搭能让你从容应对多变的户外天气。

露营时的叠穿法更多的是根据自身审美去做一些创意，比如里边可以是打底T恤，只露出一个白边，然后中间一层的衬衫露出领子或袖口，能够看到它复古的花纹，由这些点缀来烘托穿着上的层次感。

你偏爱哪种户外穿搭风格？

我比较喜欢复古和简约风的混搭，比如在简单的穿搭基础上，加一顶复古的帽子或一些配饰，让整体看上去不像流水线出来的感觉。我觉得复古的东西能给人一种故事感和沉淀感，不像是快销品，初看新鲜，但可能下一季就不想看了。

推荐一件近期喜欢的复古单品

我平时露营总戴的一件复古单品就是渔夫帽。这个帽子的机能性很强，它是油蜡布的质地，具有良好的防水性，回来之后需要给它打蜡保养，虽然麻烦，但也建立起你和这个物品间的互动联系。

露营时最常穿的衣服款式

比较常选择的一个款式是背带裤，我觉得它是穿搭里最偷懒的一个单

7 露营穿搭

品。里边随便搭个T恤或背心，就会很有特色，下边搭靴子或机能风的运动鞋都很好看，属于百搭的款式。

另外，我也常穿高筒靴，它能防止你的腿被蚊虫叮咬，如果遇到小腿那么高的杂草，也不会让腿部受到伤害。再者，一般户外早晚温差比较大，高筒靴加一双长袜子可以保暖，视觉上也会有一些瘦腿效果。

看看格里戈里的衣柜里有哪些露营装束吧！

渔夫帽形状的零钱包正戳中露营爱好者的萌点，看上去很小，但却能放下两只口红，和一串钥匙。

机能风的斜挎包背在身上很轻盈，适合装手机之类的随身物件，也可以做露营时的洗漱包，既防水又不易脏。此外，它的便利性十足，两侧附有挂带，可以挂露营灯、防蚊喷雾等。

这款近年大火的雨靴材质柔软，收纳起来不占空间，雨天或玩水两相宜。

我们去露营吧！

这款渔夫帽适合露营及城市通勤的多种场景，帽檐长，阳光晒不到脖子，颜色也很百搭。

最初钓鱼马甲上要挂各种鱼钩、鱼饵等杂件，因此这款马甲融合了钓鱼元素，背部特别设计了交叉式的绑带，增添了收纳功能。露营搭帐篷时，可

以临时放地钉之类随手需要取的东西。

腰果花图案的衬衫自带民族风的复古调性。

Polo衫在露营中出现，带来生活化的慵懒感，脚上直接踩一双防水拖鞋，大头鞋型对双脚零压力，穿脱方便，复古且百搭。

田凯
露营玩家、泛流行文化娱乐平台TEDDY MAG流行麦克创始人

从潮流编辑向户外人身份过渡，穿搭理念上发生了哪些变化？

我是潮流编辑出身，原本不是在特别专业的户外领域，所以注重造型比功能性多一些。但参加过一些户外运动后，我发现功能性的重要性，比如长时间在户外，基本上全身会晒黑，甚至晒伤，所以衣服的防晒功能就显得尤其重要。还有，运动时会出很多汗，衣服很容易就湿了，这时对速干的需求就特别迫切。

我们去露营吧！

🥾 露营时，比较偏向哪种风格的穿搭？

我现在喜欢的风格是 Gorpcore，现在流行的一种户外造型体系，和偏日系、以宽松感为主的山系风相比，Gorpcore的概念是"收紧"，给人一种锋利之感。Gorpcore源于时装品牌和户外元素的一种融合，例如，将冲锋衣拉到头，戴上帽子和一副墨镜，基本要遮住半张脸。然后将冲锋衣底下的抽绳拉紧，露出一个白色T恤，裤子也相对缩紧。

我觉得Gorpcore具有一定功能性，最重要的还是造型，它可以和一些时装，还有一些先锋设计师品牌的单品组合在一起，无论户外还是都市穿起来都十分有型。

🥾 在选购衣服的时候，具备什么样的元素会让你将它和露营场景联系起来？

我觉得露营包括户外的穿搭风格只是一种表现形式。我一直很喜欢日本的Fuji Rock音乐节，在其中你可以看到身穿各种风格服装的人，不会有任何限制，有朋克的、摇滚的、Hip-Hop的、街头的，当然也有相对硬核户外的、山系的，等等。大家并没有说在这个场景一定要和都市里穿得多么不一样。我从来不认为露营时就应该穿成某一种固定体系。

对我来说，在都市和在露营场景里，除了某些单品带有户外元素外，其他没有特别大的区别。所以，衣橱里的衣服也没有区分户外、通勤，我都会混着穿。

🥾 看看田凯的衣柜里有哪些露营装束吧！

以冲锋衣为主，做一种典型的Gorpcore造型搭配：将拉链拉到最高，遮挡住脸，下半身搭一条小众时装设计师品牌的裤子，裤子虽不是户外品牌，但其尼龙材质抗撕裂的同时也能防水，剪裁比一些传统户外品牌做得更好，更时装化。这身搭配相当于硬核户外品牌和街头潮流品牌的组合。

7 露营穿搭

将一件街头篮球背心穿去露营场景中不但毫不违和，反而还很吸睛。这套衣服也很适合都市里穿，有种city boy风格的感觉。

这种传统美式训练短裤的特点在于"不过膝"，以拉长腿部比例。

单宁元素的穿搭在露营中也有很高的出镜率。这身是平时通勤的穿搭，去露营的话，可以换一双机能风的鞋子，来和牛仔工装做混搭。

151

我要我的露营方式
My Own Camping Style

2019年，杭州桐洲岛，一场特殊的聚会在富春江畔举行。一边是形态各异、样式精美的帐篷于青山环绕的溪谷间平地而起，一边是许多越野达人心中的梦幻车款……现场的玩家们来自五湖四海，只为奔赴一个共同的爱好——露营。

这场由"野聚会"和"杭州Gogogo户外俱乐部"联合发起的"南北露营大会"，为早期露营圈提供了一次盛大的交流机会，也让"风格露营"实现在许多露营玩家面前初亮相。在此之前，这一露营方式还仅仅属于极为小众的圈层。

一位当时在场的户外爱好者见证了这番南北"碰撞"：一群来自北方的玩家依然带着普通的轻量化帐篷，而他们对面支起的则是某知名品牌的屋型帐篷，或某知名品牌的金字塔帐篷。这些帐篷搭配上设计感十足的桌椅、置物箱、灯具等物件，精

我们去露营吧！

心营造出的场景，与传统露营的场景截然不同。

这位户外爱好者不禁感叹：原来露营还能这么玩！可以不为任何事，只是单纯地为了享受露营而露营。

传统认知中，露营仅仅是作为徒步或登山的辅助项目。由于此类活动往往需要两天一夜或更久的时间，免不了夜宿野外。考虑到极限环境和运动的轻便，传统露营方式在帐篷选择上最关注的便是重量，其次考虑防风、防水、抗冻等性能。如今，大多都市人关于露营体验的需求已转变为舒适、有

趣，甚至是一种品位、一种审美。这意味着，露营已从曾经的探险形式转变为一种大众休闲娱乐方式。这种风潮的兴起，在国内仅用了一到两年的时间。

除了疫情因素和网络媒介的大量传播外，年轻的新兴消费群体、城市新中产的崛起，也促使市场对休闲露营这一生活方式青睐有加，使之成为新的风尚。这和美国在20世纪中后期迎来的一股休闲露营热潮相似——人们开着房车，带着咖啡壶、躺椅、音箱和书籍，去城市郊野度过一个慵懒的周末。

从"刚需"到一种个性化休闲方式，露营经过了与本土、复古、公路文化等亚文化的融合，衍生出更为多元的形式，除风格露营（Glamping）外，Bushcraft、房车旅行（VanLife）、冰上露营和雪上露营都各自展现着不同的风格，折射出露营的"多维光谱"，玩家们也总能从中找到自己最"对味"的露营玩法。

Glamping：一场华丽的冒险

风格露营中采用的帐篷往往更为宽敞，仿佛即将下榻的是某位尊贵的国王或酋长。天幕与帐篷完美地相连，如同精心设计的通向门厅的"拱廊"。有时会用天幕将两边的帐篷连接起来，形成对称式的"两室一厅"。

不只外观精心设计，随处可见的修饰感同样延伸至帐内，展示出一种独特的露营美学：波希米亚风格的地毯代替了普通防潮垫，沙发、茶几、置物架、音箱、灯饰一应俱全。床铺和被褥像是从家中平移过来的，让人瞬间忘却自己正置身于郊野。

这是Glamping的典型场景。

Glamping一词由"glamorous"（奢华）和"camping"（露营）组合

我们去露营吧！

衍生而来，在国内多被称为"精致露营"。顾名思义，指的是观感与体验都追求"野奢"的露营方式。虽然它在2016年才被收录进牛津词典，但这一概念由来已久，可追溯到16世纪英国王室举办的一场富丽堂皇的帐篷晚宴，以及奥斯曼帝国时期以丝绸与金线缝制而成的御用帐篷宫殿。

到了19世纪初，Glamping露营方式初具雏形——非洲殖民地的冒险之旅在欧洲贵族间形成潮流，他们纷纷乘上载有发电机、昂贵家具、红酒香槟的马车，携着仆人，到非洲野外扎帐篷，将奢侈享乐之风也带入了这片草原。同时，工业革命后，非洲当地也相继出现一类Safari Hotel（丛林酒店），被视为早期的轻奢营地。为那些向往广袤自然之地又依赖工业文明成果的宾客提供帐篷、电及热水。

相较之下，Glamping露营方式在中国的兴起并未经过漫长时间的积淀，它似乎突然间经由各大社交平台闯入大众视野，从而成为相当一部分人对露营这个词的初印象，也成了他们较为接受的一种露营形式——短暂逃避城

市，却不必完全从自己所熟悉的种种现代生活场景与便利中抽离。

杨天祥从2020年开始在自媒体平台Glamping Lab上向大家介绍精致露营，在他看来，Glamping在国内的发展有一个自上而下的过程，这种趋势与露营产品逐渐大众化息息相关。国产品牌依托原料、工厂、供应链等本土优势，将原本价格不菲的露营产品带入大众视野，让更多人得以接触到Glamping这种露营方式。

除了装备本身，注重品质的Glamping玩家选择营地也有较高标准：是否经过精心设计与维护，在基本设施配套基础上是否还具备其他可使体验感升级的服务，如24小时热水、高级洗护用品、电器、酒吧、餐厅……一些高端的轻奢露营营地在各个细节上都不负"精致"一词。

或许，这在某一层面也说明了为何Glamping这一露营方式在"走红"后便引起诸多争议。即使Glamping并不能与"搬家式露营"画等号，但后者一

我们去露营吧！

度成为其标签，使之被视为一种"自找麻烦"。与其相关的露营美学和以高颜值、高价位著称的露营单品，也被诟病为"摆拍"和"露营鄙视链"的"导火索"。

在杨天祥看来，Glamping中的"奢"并不体现在其装备和品牌上，亦不关乎价格，而是让露营者在自然中依然有一种温暖舒适的体验与感受。他将其比喻为"在无人区能吃上一块奶油蛋糕"。奶油蛋糕并不贵，但倘若能在无人区吃到的话，会带来一种奢侈的满足感。

况且，好的露营品位也不在于使用的装备的价格，而在于搭建露营场景时的创意以及产品切实的质感。隧道帐篷和金字塔帐篷没有好坏之分，选择棉布帐篷还是尼龙帐篷，亦取决于露营玩家各自的偏好。露营的风格应如万花筒一般百变，而不应拘泥于某个标签、类别。

随着材料、设计和工业技术的革新，Glamping属性的露营产品和轻量化露营产品之间的界线正在逐渐变得模糊，如在帐篷大小不变的情况下，由于材质的改善，重量在变轻；越来越多的玩家用碳纤维桌替代了铝合金桌……

这些改变，让人们无须在舒适和轻量中做取舍。

当Glamping剥离了它包裹在外的华丽，我们得以窥见其里——这是一种属于当代人的冒险，他们涉足荒野，又为自己保留了一份躺在舒适区里的安全感。

 Bushcraft 露营：自给自足的生活场

21世纪的人很难想象回到原始社会该怎么生活，毕竟网络、手机、钢筋混凝土建筑、便利店、速食……这一切元素构建了我们所熟知的世界。而在远古时期，人类祖先的日常活动是觅食、寻找水源、搭建庇护所、生火、煮食。必须掌握的技能包括：会使用绳结，使用斧头和刀具进行伐木、雕刻，驾驶独木舟等。

科技的发展淘汰了那些原始活动中的必备技能，使人类远离自然与丛林，心安理得地融入都市的现代化生活。

这些人类早期的生存技能重回到大众视野，得益于一大批专著及电视真人秀节目的涌现。真人秀节目通过直观的形式将丛林探险推向全球，其代表人物之一雷·米尔斯早在90年代就在电视节目上引爆过这股风潮。我国观众熟悉的野外求生大师还有贝尔·格里尔斯。

著名的丛林探险和野外生存教练，加拿大人莫尔斯·科尚斯基，1991年出版了畅销一时的著作*Northern Bushcraft*。这本讲述加拿大北方丛林生存技能的书成为早期介绍 Bushcraft 方式的经典读物。

实际上，Bushcraft一词最早可追溯至澳大利亚及南非。bush引自荷兰语"bosch"，原意带有殖民色彩，意为覆盖着天然木材的殖民地，后泛指森林及其他形态的自然地域。craft则是"手工""技艺"，前后组合起来，

我们去露营吧！

指"丛林技艺"。只不过，bushcraft并不等同于荒野求生。当现代人带上斧头、刀具等工具走向野外，开始一场BC露营之旅，他们并不会为生存问题感到焦虑，反而寻找到一种全新意义上的自由与惬意。

作为一名资深BC露营玩家,卡卡时常独自前往川西的丛林,以Bushcraft的形式露营。和常规露营时人们搭建自己携带的帐篷不同,他会因地制宜建一处"庇护所"。可能仅仅是搭一块防雨布,或从林中拣取一些

我们去露营吧!

树干,将它们垒成三角形状,再铺上一层松针和苔藓,就成了一顶"帐篷"。对他来说,Bushcraft的乐趣就在于这种利用自然资源的创造,凭空建造出一个临时的"家"。

正如莫尔斯·科尚斯基的名言"你所知道的越多,携带的便越少(The more you know, the less you carry)",Bushcraft代表的是一场凭借智识、经验、技艺,利用野外资源,发掘自然之趣的游戏。

有了"庇护所"后,还要添置"家具"。卞卡会在森林中闲逛,去寻找那些"死去"的木料,它们从树干上脱落,或在某个雷鸣之夜因没有躲过雷电的袭击,如今散落在地面,却尚未腐烂。

8 我要我的露营方式

他用绳子将一根根木料捆扎起来，拖回营地，然后用工具切割、打磨成合适的形状，拼接成一把椅子。最后在上面垫一层驯鹿皮或羊皮，坐起来更舒适，有种沙发的质感。

完全通过自己动手建立起这一切后，他获得了成就感。眼前由荒野转为一个自给自足的生活场，在人与自然的连接中，多了一层温度。

相较于其他露营方式，Bushcraft有着较高的技术门槛。比如炊煮，第一道程序不是打开瓦斯炉，或用点火器、酒精来引燃火焰，而是要从生起火种开始。打火石和镁棒是常见的两种生火工具。拥有丰富经验的BC玩家还会在

我们去露营吧!

野外寻找类似羽毛、木屑等易燃材料,再挑些干燥、粗细适宜的树枝堆叠起来,从零星淬火中燃起火焰。接着,用木头搭起锅架,架一口铸铁锅,做一顿生猛的丛林料理。

BC露营注定无法"拎包入住",你必须全盘接受这野性的一切,从零开始,由攻克到享受。一些基本技能的掌握是躲避不开的:生火、自建居所、使用刀斧及绳索等工具、寻找水源等。许多对野外技能知之甚少的人只因这种方式看起来很酷便轻易尝试,感受到的往往是艰苦和枯燥。

让"已知"多于"未知",或许才是Bushcraft在今时今日的定义。敬畏自然,认知自然,在自然中学习,让那些智慧和技能帮我们寻求到更深的纯粹和宁静,去荒野中过一种别样生活。

8 我要我的露营方式

冰上及雪上露营：零度之下的魅力

寻找刺激，是一些户外爱好者给出的冬季露营理由。他们在隆冬季节将帐篷扎在厚厚的冰湖之上，或深入雪原，或去到万籁俱寂的丛林中，搭建一处爱斯基摩式的暖室。

比起酷暑露营，冬季露营似乎显得更不友好，这也是为何市面上普遍售卖三季帐篷，适合春、夏、秋季，设计上并不针对冰雪、强风、严寒等极端天气做太多考量。但对比上述三季，尤其是同样被规避的酷暑，冬季露营自有其妙处：没有蚊虫的侵扰、避开旺季的露营大军、在飞鸟迁徙与万物沉寂中真正感受自然的旷达、体验生火的乐趣、有理由购买更优质的装备、体验特色的冬季运动……

我们去露营吧！

那些资深玩家表面上对严寒不以为意，在最冷的季节走出暖气房，去野外玩这场"生存游戏"，其实，他们是在装备方面做好了充足准备的。

带上四季高山帐。首先是材质选择，通常棉布材质帐篷比普通化纤的厚实，网面较少，因而密度高，拥有极好的遮风、保暖性。其次是帐篷内部要铺两层防潮垫，如一层泡沫垫外加一层充气垫，充分隔绝由地表的冰雪所渗透进来的寒意。还可以铺一块地毯作为"软装"，增添一丝温暖氛围。

睡袋是带来安全感的关键。想在零下二三十摄氏度也能安然入眠，一条足够优质的羽绒睡袋是必不可少的。资深玩家的心得是：带上所有"最好、最贵"的装备，尤其是与睡眠相关的，在几千米以上高海拔登山时都能使用的。

取暖设施。可用便携取暖器给室内加温，这种设施以气罐为能源，类似"小太阳"，能瞬间提升帐篷内温度。当然，柴火炉也是常出现的设施，但冰上露营玩家并不推荐这种取暖工具，因为它们很容易造成帐篷底部冰面的融化，导致积水过多渗入帐篷。最好用的当数暖宝宝及热水袋一类的"贴心小物"。无论雪上露营还是冰上露营，最直接感受到寒意的是双脚，可在鞋垫上贴一层暖宝宝，确保无论玩耍或睡眠时脚底的温暖。也可以将热水烧好后装进保温壶，套上袜子，自制成热水袋，放入衣服或睡袋内。

做好以上保障措施后，方能安心探索冰雪的乐趣。

资深露营玩家梁辉曾多次组织冬日露营活动，对他而言，这个季节相对"舒适"，会带来更多的挑战。

挑战如何找到合适的扎营点。积雪层的厚度要适宜，地钉能穿过雪层向土地深处扎。同时，雪面需较为平整，通常扎营前还要花一番气力铲去多余的雪。倘若周围有山作为天然的避风港则最好不过。

我们去露营吧！

挑战自身的耐受力，将环境的严酷转化为限定的体验。在雪地中打滚、堆雪人，以及玩"雪地漂移"——越野车拖着轮胎上的乘客在雪地中飞速滑行。一脚油门踩下，卷起前方厚厚积雪层带来的一股冲击波，将后者震出轮胎，一屁股落在雪地上，在棉裤和羽绒服的包裹下并不会觉得疼，尽情体验肾上腺素飙升的刺激感。

另一位资深露营玩家大三则是冰上露营的狂热爱好者。在每个闲不住的冬日周末，他都会从北京有暖气的家中"出走"，去城郊永定河的冰面来场两天一夜的露营。这里的二、三月份，晚间气温一般在零下十五六摄氏度。

大三不是唯一闲不住的人，巨大的冰面结在几方岩壁之中，除了露营爱好者，这里还有前来滑冰、冰钓和攀冰的人。

这并非一片寂静之地，来此露营的人会营造出一股烟火气来抵御北国寒风的凛冽，用带有高山罐、稳压器的炉子煮一锅热量爆棚的食物，喝一杯美酒。

8 我要我的露营方式

大三的家乡新疆伊犁冬季漫长，从小习惯了冰天雪地的他并不惧怕寒冷。他最早的露营体验是在大学时期和户外团队一起徒步天池一带，无知无畏的他加之那会儿也缺乏合适装备，就在只穿了牛仔裤的情况下，踩着厚至小腿的雪走到营地。抵达后，他的脚套上已结出两大块冰球。

如今，他会从装备库中挑选顶级的装备进行冬季露营，但有时也享受连帐篷都不睡，身着厚羽绒服，裹一层睡袋直接躺在冰面上过夜的极限时刻。

有人问他为何要选择在冬天露营，他回答说："越刺激，越有趣。"

人们去露营，走出熟悉的环境，来到户外，找寻一种变幻——变幻的日光、空气、时节、风景……由此看到世界的另一种面貌，也由此审视自己的内心。

试一次冬季露营吧，你或许会发现，这从来不只是勇敢者的游戏。

Vanlife：一种终极流浪的解决方案

如果说哪种露营方式最能展现当代人对自由精神的追求，那非Vanlife莫属。虽然这种露营方式尚未引发过现象级讨论，但近些年，它已多次通过影像出现在大众视野。

在讲述徒手攀岩的纪录片 *Free Solo* 里，攀岩大神Alex Honnold就以房车作为日常训练时的居所。这样，他就不必每日往返家中，而直接睡在他所挑战的大岩壁下。做饭、休息、力量练习……这辆车子几乎满足了Alex的一切日常所需。

韩国综艺节目《露营俱乐部》更全面地展示出Vanlife这一方式的美好图景：几位女性友人驾驶着房车进行为期数周的旅行，她们不用担心入夜后是否能抵达旅馆，或者为了赶路而错过绝佳风景，大可枕着最美的景观度过浪漫的一夜。

Vanlife，即"Van+Lifestyle"。其精神起源可以追溯至14世纪吉卜赛人在Caravan（大篷车）上的移动生活方式。而自20世纪六七十年代以来，伴随美国嬉皮士文化兴起，年轻人开始用艺术和行动反抗当时的政治和文化习俗。他们将车子改装成可以居住的移动场所，在车身上涂鸦、绘画，开往各地，由此呼吁爱与和平。

这种上世纪兴盛一时的生活方式，因千禧一代的青睐而回潮。2011年，旅行摄影师Foster Huntington辞去了工作，开着房车一路去旅行，"Vanlife"首次作为标签，伴随他旅行中的照片持续发布于社交网络上。

无处不在的网络、远程办公方式、自由职业，使"旅行即生活"成为可能。如今，在国外的社交媒体上搜索Vanlife，便能看见一众以车为家、始终

8 我要我的露营方式

旅居路上的博主，向人们叙述着他们的"现代游牧"：主动从原本固定的生活圈中脱离，以"流浪"作为对自身浪漫理想主义的践行。

从常规的搭帐篷露营到车顶帐篷，再到拥有一辆"说走就走"的房车，这是许多户外爱好者的进阶玩法。这种交通工具和居所的二合一，一次性解决了吃、住、行方面的所有问题。

或许多数人对房车的认知还停留在那种体积较大、各空间及设施完备的Recreational Vehicle，也即"休旅车"上。这一类型的房车看起来的确更符合大众对"家"的传统定义，但其动辄数十万到上百万的价格也被消费者们视为奢侈品。相比之下，Camper Van（露营车）显然更受年轻族群的青睐。

Camper Van是一种改造型房车。如果将Recreational Vehicle比作一套精装修的商品房，那么Camper Van更像是个半成品。它原本是一辆货车或7座商务车，车主需要自主设计、改装其内部空间，使之成为一个能够居住的地方。

我们去露营吧！

但也正是这种DIY，赋予了Camper Van个性化的空间。此外，它的优点也极为明显：停车方便，可以停在任何日常的停车位上；灵活度高，既能完成两天一夜的轻旅行，也能实现经年累月的长期旅行；外观低调，在路上不会引起太多不必要的瞩目；最重要的是，它的成本要比购买一辆休旅车低廉许多。

由于房车旅行这种方式在我国尚处于起步阶段，因此，旅行爱好者在计划购买及改装一辆Camper Van前，需要特别注意几点：（1）相关的交通规定；（2）车子的年检期限；（3）车型（后面的空间尽量方正，以方便设计和改造，目前国内的几款车，如福特全顺、新城、大通等都是不错的选择）。

尽管露营车的改造在国内仍存在种种限制，但并不妨碍一部分人已经驾驶着以自由命名的车子上路了。

30岁Rolling Life：小墨和阿猴的公路生活

小墨和阿猴在B站上的数百个视频，记录着一段超长里程的冒险。他们两次横穿中国、三度启动全新旅程，从沙漠到冰川，从群山到地心，通过Vanlife的方式深入秘境，居于途中。

这或许不是你所熟悉的露营方式，但，露营并非单单指宿于一顶帐篷内。它指代一种行为，而非具体的装备，有太多新鲜的"庇护所"以及形式，在重新定义着户外的栖居，Vanlife正是其中的一种。

对小墨与阿猴来说，这种方式正诠释着他们此刻的生活，流动、变幻、自在，却安然。

住进风景

晨光被四周雾气冲淡,眼前一切雾蒙蒙的。伴着入夏以来难得的清凉,给人一种置身仙境的感觉。这辆车总能带他们寻到秘境。

几天前,小墨和阿猴避开梵净山附近游客密集的地带,将车停在这座村庄的一处溪水旁。这里鲜有人知,几乎不见商业开发的痕迹,唯有山水映衬出一方桃源般的景象。他们决定多住几晚。

很少有旅馆开在这样的地方,但这是他们无须顾虑的。一辆车,就能让他们在任何心之所向的地方"安家"。

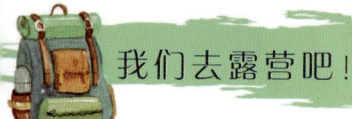

我们去露营吧！

与市面上那种卧室、卫浴、厨房等配置一应俱全的休旅型房车（Motohome）不同，这辆车更接近于露营车（Camper Van），即经过改装，满足"睡在户外"这一基本需求的车子。有床，有基础的水电系统，能收纳下旅途中必要的供给和装备。它既十分轻盈，又足够灵活，可进行两天一夜的郊野之旅。高度发达的道路基建和城市化，使Vanlife这种"在路上"的现代游牧生活成为可能。

在国外的公路旅行中，他俩第一次接触到Vanlife。有时候是一家人，有时是独立的背包客，驾驶着房车随走随停，"住"进绝美的风景里。车子经过旅行者自己的改装，成为带有个人风格的、家一般的存在。

身为旅行爱好者，他们曾尝试过各式各样的"露宿"。

8 我要我的露营方式

一次澳大利亚的自驾行程中，阿猴和小墨就租了一辆带车顶帐篷的越野车，以此打开公路之旅。稳妥起见，他们通常会将车开进成熟营地过夜，但澳大利亚大陆总给异国旅人带来意外惊喜，比如被袋鼠包围。

阿猴还记得那晚的黝黑天色以及不远处波涛汹涌的浪声。打开车门，便和前来营地觅食的袋鼠们打了个照面。那个格外"野生"的夜晚，给他留下了深刻印象。

同样难忘的，是夜里被大风刮得来回晃动的车顶帐篷，以至于某一天他们被扰得实在无法入眠，躺了不到一个小时，便索性钻出帐篷，在车子旁打起地铺，至少不用再那么提心吊胆，担心那顶帐篷或整部车子都被掀翻了。

如果说车顶帐篷给阿猴留下了不安感，那么，传统的扎帐露营则多少缺乏些舒适度。

我们去露营吧！

他曾和小墨参加过日本的富士音乐节，上万人的露营嘉年华是音乐节的"保留曲目"。对阿猴来说，相比营地，这里更像一夜间平地而起的大型社区，人们簇拥在一起，构筑自己的乌托邦。

显然，对第一次来此扎营的人来说，这个家园并非理想国。那些熟门熟路的经验派早占据了树荫或平整处的最好区域，留下他们这样的露营新手，只能勉强将帐篷搭在一处倾斜的坡道上，头高脚低地凑合了一晚。

因此，对他们而言，如今露营车的旅行方式是同自身需求适配度最高的选择。安全系数高，有着相对封闭且稳定的空间；身处户外，但又可与周遭景观保持一种"观赏距离"。

Rolling Home，轮子上的家。这是小墨和阿猴反复提到的概念。2020年，30岁之际，他们展开了一场全新的、名为"Rolling 30"的旅行，以上海为起点，沿318国道一路向西，经浙江、安徽、湖北等多个省市，最终抵达拉萨。

尽管疫情缘故，旅途或多或少遭遇一些无法预料的阻碍，被迫中断或改变路线，但三年来，他们的车轮已经陆续穿越大大小小50多座城镇，累计4万多公里的里程。

300多个日夜中，他们以此为家。

生活流动

每天早上的第一件事，就是喝一杯咖啡。

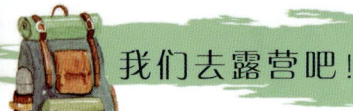

我们去露营吧！

天气热的时候，小墨和阿猴会在临睡前将咖啡泡好，放进车里的小冰箱。待到第二天醒来，就可以享用一杯冰凉冷萃了。

一日三餐，为这种流动的生活带来日常烟火气。烹煮器具自然必不可少。平日里再普通不过的电饭煲，在路上却发挥出妙用。米、腊肉，再来点西红柿做成焖饭，将它搁置在车上自己煮着，不耽误开车，到了目的地后，即可享受一顿简便的餐食了。有时他们也会用上卡式炉，在车外搭好露营桌椅，做户外火锅，或煎炒料理。

尽管部分Vanlife爱好者会亲自上阵改造自己的露营车，但阿猴和小墨还是决定在买到车后，交到经营房车改装的朋友那里去做"全屋改造"。花费15万元，排除前期一系列的方案探讨与落地时间，施工期为20多天。

虽不似大型休旅房车，但厨房、客厅、卫浴、卧室区域划分明确，功能

齐全。这辆福特全顺经过改装后,已经由原本的货车升级成一辆可以满足睡眠、储物、办公等多个功能的居所。

除去正副驾驶座,这一车型后面的空间仅约5平方米,因此,整个改装都基于"小户型"的理念。

改善了封闭货车的降温和通风条件。他们将整部车的车皮都包覆上隔温材料,并在车顶开了一扇天窗,促进车内空气的流通。同时,将床板设计成抽拉式,白天收进去,多出空间用于储物,晚上抽出来,车里便多了张双人床。身为自媒体工作者,每日少不了整理照片、剪辑影片等需要用到电脑等设备的事务,两人还特别在车里设置了工作区——面对面的座位,每人分别有一张可以拉出来的小桌板,这样既增加了互动性,又有彼此独立的工作空间。

我们去露营吧！

　　软装方面的关键词是"色彩"。阿猴和小墨看过太多森系的露营车了——那些主打木质，配色统一，营造出简约、温馨感的房车。他们更希望这个家活泼一些。这部车刷了纯黑色外漆，内部却装饰成一个如同乐高积木拼出的多彩世界，蓝、橙、红、黄……饱和的色彩使车内空间瞬间明亮起来。

　　在光源的布置上，他们也颇有巧思。阿猴觉得，光线可以为室内营造出别样的氛围。他们用不同的光亮来点缀不同区域：天花板上安装了色温5000k的暖白色光源，不会过分刺眼。厨房的灯泡上覆了一个鲜黄色的亚克力灯罩，使这个区域显得更暖一些。此外，他们还买了些灯串，在车内四周挂上一圈，晚上打开后，增添了星光般的浪漫。

　　改装完成后，他们将车子开到北京密云的一处农家乐，尝试第一次露营车户外过夜。农家乐前面是一片露营区，周末会有很多户外爱好者来此扎营，平日里却没什么人，整片森林和草坪空阔而宁静。

8 我要我的露营方式

吃饭时,他们在车外搭了套天幕,放好露营椅,就像一场寻常的露营。天黑后,他们便回到了车里,抽出床板,铺好乳胶床垫,在自己的"新家"里安然入眠。

 家在旅途

与小墨和阿猴聊起关于Vanlife的故事时,他们已从贵州行至西北,停驻在青海西宁城中的某个停车场内。一路升至海拔2000多米的地带,需要给身体一些适应调节的时间。对驾驶房车的人来说,随遇而安是件更容易做到的事,因为将车停下,即是安家。

好在停车点大多并不难找。在当初选择福特全顺这款车时,他们也将停车的便利性纳入考量,不到5米长的车身方便进入任何常规的停车场地。货车一般的外观,显得低调而不会引发太多好奇与关注。

8 我要我的露营方式

无论是僻静的户外或熙攘的市区，关上车门后，便是不被打扰的宁静。同时，车身处于封闭状态，最大限度地保证了安全。

他们喜欢房车这种不用搭帐篷，也不用来回打包、搬运行李的旅行方式。用他们的话说，省事。这也重新定义了另一种"搬家式露营"，不是将一堆装备搬运到户外，在不断拆卸与搭建的过程中消磨掉精力与时间，而是让"居"与"旅"融为一体。

省事之余，露营车的另一重要特性是带你深入并停留在那些难以抵达的地方。

就像他们曾深入甘南山区，那里的高山草甸在夏日里呈现出无边无际的盎然绿意，山谷幽静，除了几公里外村中寺庙的钟声和偶尔孩子们的嬉闹声，再听不见别的声音。如果不是房车，即便来到此地，也多半是拍照后便离开，无法享受在这样绝美的风景里睡上一觉。

Rolling系列的旅行进行到第三年，对两位经验丰富的资深旅行者来说，并没有生出一种路途上的倦怠感，反倒重走一些城市时，给他们带来了更多的新鲜感。不断由一个省份到另一个省份、从一座城市去往另一座城市，从天南海北的旅途中打马而过，每天于露营车中醒来，眺望窗外不重样的风景。

小墨和阿猴仍旧会像常规的旅行那样，去户外徒步、登山，探索自然，或在城市中寻找当地美食，打卡景点，只是，以露营车为基地，再远再久的旅途都有了个可以称之为"家"的归属。

关于露营的旅行

Trips for Camping

住在哪，某种程度决定着旅行质量。很多旅人甚至将行程中的住宿体验，视为一项新鲜、有趣且令人愉悦的旅游经历，而不仅仅是寻找一间临时的寝室。我们早早开始挑选心仪的旅店，将自己对"生活在别处"的想象直观投射进那个即将入住的空间，体现了对这趟旅行的定义——是度假性的，比如酒店、民宿？还是社交性的，比如青年旅馆？抑或，尝试一种全新的方式，比如露营？

有时，人们只是单纯为露营而露营，带着帐篷去到一个地方，过夜，然后返程。露营成了唯一目的。但有没有想过，它也可以作为旅行中的一环，来丰富整个旅途。

在这里，你可以稍稍"偏离"常规的旅行计划，从城市、热门景点那熙熙攘攘的人群中隐遁，去往山川、湖湾，去往那隐秘的景观中，收获一个"看得见风景的房间"。你会惊异地

我们去露营吧！

发现，在这些无法大兴土木开发酒店的地方，露营提供了最切合自然之意的栖居。

如今，入住一处营地就像入住寻常酒店般便捷。

倘若选择自驾，将帐篷放在车上，开车直接抵达预定的营位后，搭建帐篷入住即可，或者干脆将必要装备快递过去。也可选择帐篷酒店，如今国内大部分营地都有这种拎包入住的服务，以及一应俱全的淋浴、餐吧、户外游乐项目等设施，提供一种舒适度媲美酒店而酒店又无法达到的身心体验。

试一试以营地为中心，展开一段新的旅行，去探索营地周边，前往大自然更深处探寻，开启一段涉水或徒步的户外探索。当然，这并不意味着你要错过那些热门景点，通常它们也在距营地车程不远的位置，留半日或一日的打卡时间，结束后可返回营地继续体验野趣。

目前，全国各省市已建有数千家商业营地，这个数量仍在逐年攀升。倘若将它们标注在地图上，会很容易规划出一条将各个城市、景点连成一线的旅行线路。无论你是否是一名露营爱好者，都能在此路线上，以营地作为落脚点，尝试一回在星空下入眠。

西南探险之旅

四川与云南一带，无疑是探险爱好者的乐园。这里有着雪线之上的高海拔山峰、变幻无穷的喀斯特地貌、纯净无瑕的原始森林……登山，徒步，漂流，露营，用户外的方式感受它们，展开一段不同以往的旅途。

不妨计划一条长线：从川西开始，寻访稻城亚丁，徒步去看海拔4000米以上的高山海子，由四姑娘山的长坪沟至毕棚沟，来场穿越，遇见美轮美奂的风景。更别错过理塘、甘孜、色达等地浓烈的异域风情。游览这条路线最

9 关于露营的旅行

好的方式是自驾，带上帐篷，走一趟川西环线，体验这里极致的自然风貌。

倘若仅作短线旅行，不愿舟车劳顿，那么从成都出发，乘高铁前往乐山、峨眉，两三天的时间就能好好品味巴蜀一带的文化与饮食特色了。顿顿不重样的小吃在召唤你的味蕾。

并且，这里有设施成熟完备的营地，等待你进一步探索川地秘境。

肾上腺素飙升得不够？那么请改道云南，在普者黑的营地可以直接搭乘热气球飞行，纵览千奇百怪的喀斯特景观，从昆明出发，车程4小时即可到达。当然，大理、丽江、香格里拉仍旧是一条经典的旅游路线，这些地方的营地各有特色。更深入地触及雪山与河谷吧，忘了那些常规的民宿、旅馆，你将拥有一段全新的故事。

四川乐山·谜途·高桥里秘境营地

地址：四川省乐山市峨眉山市高桥镇高桥里景区

谜途·高桥里秘境营地位于峨眉山北坡，被当地人叫作"大河坝、小河坝"的地方，此处也是农夫山泉水源地。不妨在清冽的泉边来场极致的幽谷露营之旅。

我们去露营吧！

营区有十顶帐篷客房，可容纳30人用餐的帐篷客厅，做足野奢派头，拎包入住即可享受精致体验。这里也供应"野趣"，"荒野部落"专为BC爱好者打造，可以自由建立属于自己的"王国"，捡些木头去到营地的木工房尝试各种手作……

消耗完一天的卡路里后，想犒劳自己的味蕾？营地拥有米其林三星团队经验的主厨一定不会让你失望。

客人可以动手参与，也可以坐享一道道充满荒野气息的露营料理，在蜀山蜀水间体味最为"巴适"的旅程。

探索营区周边：

营地附近的村庄提供农家乐体验，可以带着孩子去观赏梯田风光，在随处可见的李子树、枇杷树、葡萄藤中探索与自然相关的知识，还可以去鱼塘里捕捞一顿鱼鲜。

从营地出发一路溯溪而上,来场山谷徒步,在一路飞涧与瀑布中,倾听凉爽的韵律。

峨眉山

距营地约9.4公里,驾车15分钟

峨眉山是中国佛教四大名山之一,作为文化与自然双重遗产被列入联合国教科文组织《世界遗产名录》。峨眉山风景秀丽、山势陡峭,有"峨眉天下秀"的美誉。山中植被多样,自然景观丰富,山路沿途能遇到众多讨食的猴群,成为爬峨眉山的一大趣事。

乐山大佛

距营地约47公里,驾车40分钟

乐山大佛位于乐山市市中区岷江、青衣江、大渡河山江交汇处,高71米,是世界上最大的石佛像,也是联合国教科文组织文化与自然双重遗产。乐山大佛始建于唐开元元年(公元713年),历时90年建成。整座石像开山而建,形态端庄、镇静,具有典型的唐代造像风格。游客沿佛像两边的天梯下至大佛脚边,一面仰视整座佛像,一面观赏波涛不绝的江水。

四川康定·肆野云上雅拉 glamping

地址:四川省甘孜藏族自治州康定市塔公镇色曲卡村

营地位于雅拉雪山脚下的塔公草原,在这

我们去露营吧！

里，雪山与草原花海相映，可观草原日落、金山日照。入夜后，满天星河会于天际出现。

不需要携带太多装备，营地提供星级标准的轻奢帐篷"标间"，双人气垫床、茶几、营灯等布置精心而舒适。保留更多的精力来体验热烈奔放的时

光吧！骑着河曲马奔驰在一望无际的大草原，和大家一起拉弓搭箭，体验传统弓带来的乐趣。夏季，还可以前往原始森林寻找野生菌，去牧场感受原始游牧民族的游牧生活。

探索营区周边：

亚拉雪山风景区

距营地约50公里，驾车1小时

亚拉雪山是著名史诗《格萨尔王传》里的青藏高原四大神山之一，主峰海拔5820米，终年被冰雪覆盖。景区内散布着众多峡谷、湖泊、高山草甸，丰富的温泉资源掩藏在冰川之中，形成一道道雪域奇观。这里是摄影爱好者的天堂，随手能捕捉到美轮美奂的大片。可自驾去东巴公路附近的观景台远眺雪山，一路上穿行于牦牛谷、顶果山、热水塘等诸多特色景点。

云南文山·普者黑寻乐热气球露营地

地址：云南省文山壮族苗族自治州丘北县

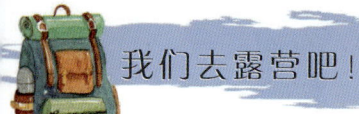

我们去露营吧！

普者黑热气球寻乐露营地位于云南省文山州丘北普者黑景区，这片坐落在文山壮族苗族自治州丘北县的神奇土地知名度不及昆明、大理，却不折不扣是冒险者的乐园。它丰富的地质属性说明了这点——处于滇东岩溶区，具有典型的喀斯特岩溶地貌，其间有着83个溶洞、54个湖泊，以及雄伟壮观的大峡谷。

在这里的露营体验绝不乏味，你可以身临其境，在这些原始风貌的奇观中度过一夜。别忘了重头戏是第二天的热气球之旅，在合适的天气里，乘着科幻小说中的飞行器将所有景观尽收眼底吧，这可不是哪里都能收获的露营体验。

探索营区周边：

普者黑喀斯特国家湿地公园

距营地约4.8公里，驾车8分钟

以营地为坐标，可以自由探索普者黑的独特景观。普者黑位于喀斯特国家湿地公园中，湿地与石林融为一体，构成喀斯特湖泊湿地生态区。湿地公园中著名的天鹅湖景区是中国西南地区最具代表性的喀斯特湿地候鸟栖息地，动植物种类多样。时间充裕的话，还可前往云南省最大的草场——舍得草场，被誉为文山的"小香格里拉"，集草场、高原风光、民族风情等特色为一体，呈现一派滇东田园风光。

云南迪庆·松赞雨崩帐篷营地

地址：云南省迪庆藏族自治州德钦县云岭乡上雨崩村

营地位于梅里雪山脚下，依山势而建，面朝缅茨姆与巴乌八蒙两座神山。用萨米游牧风的尖顶帐篷与大地色系的活动帐篷，打造出一片与周围山峦、林地融于一体的休闲营地区。

我们去露营吧！

这里提供高品质的设施与服务：世界顶级的户外涤棉帐篷帆布、专利的通风系统、保暖舒适的洗浴设施、厚实的羊毛藏毯……没有露营经验的人，也能在此享受到野外生活的乐趣。

对于想要亲近自然，感受雨崩真正魅力的人来说，帐篷营地抛开传统酒店的砖瓦木梁，走进雪山脚下的静谧村落，让人们在享受自然气息之余，近距离守候神山的每一次日升日落。

探索营区周边：

雨崩村

雨崩村是隐于梅里雪山内的一座藏族村落，因地理环境特殊，交通闭塞，人烟稀少，颇有遗世独立之感，被外界视为桃源般的存在。这里分为上下村，两者之间约1公里距离，上村可通往为攀登卡瓦格博搭建的中日联合登山大本营，下村通往神瀑，也即梅里雪山内转的终点。

徒步雨崩，是很多徒步爱好者心中的一条"朝圣线路"。可从丽江出发，经由香格里拉、飞来寺、西当村等景点，全程约4日。途中需行走冰湖、翻越垭口、穿越原始森林，对体能有一定考验，不过，当抵达这片纯净之地，绝美景观会给疲惫的旅行者以最丰厚的犒赏。

9 关于露营的旅行

在山与湖之间

这里是鱼米之乡，无数游人墨客心中诗意的栖居。尽管如今这一带发达的电子商务及工业技术产业已替代了大片用于耕作的田地，但人们心中关于江南的绮梦，依然可以从此间的青山绿水、亭台楼阁中找寻。

江浙的山不以高耸、险峻著称，而以其清秀、奇幽的环境征服着前来览胜的游客。浙江的天目山、莫干山、江郎山、普陀山等名山，以及江苏的钟山、北固山、花果山等观光胜地，除了来爬山、涉足自然，还能遇见丰富的人文历史景观。

这里的湖水也一样，给人一种淡泊恬静之感。从西湖十景的明丽动人中打马而过，再前往千岛湖的水道间溯游。湖水连通城市间的河流，与两岸的街坊、桥梁构成了独特的"小桥流水人家"的意境，在乌镇、西塘、周庄等水乡的小巷中穿梭，让那些属于江南的诗句化为眼前真实的场景。

由于交通网络发达，城镇联系紧密，这里是进行露营旅行的理想区域，你可以白天游览城市中的园林，夜晚露宿在太湖之滨，次日抵达宜兴的竹海，在依山傍水处悠游。而从这里出发，跨省前往浙江的杭州、安吉、德清等县市，都不过短短数个钟头的车程，无论抵达哪里，都可以轻松找到一处精心打造的特色营地。

浙江安吉·松林湖营地

地址：浙江省湖州市安吉县天子湖镇高庄村

这块总占地17万余平方米的营地环松林湖而

我们去露营吧！

建，分为自带帐篷区、BC区和帐篷酒店三个不同营区，但无论选择哪一种方式，都举目可见环绕在四周的万余棵高耸笔直的松树，以及被树木映绿了的湖水。

这里的BC营区享有很好的口碑，可以捡拾松木，生火或搭建一处林中的庇护所，还可以去到越野场玩野外骑行以及独木舟划行，总之，是个离城市不远却能寻到一种最原始自然乐趣的地方。

探索营区周边：

中南百草原

距营地约20公里，驾车26分钟

安吉近些年重点打造生态旅游环境，已迅速成为长三角一带居民逃离城市、拥抱自然的首选之一。你可以在这里感受田居生活，品尝当地出产的美食，也可以尽情地在山野中玩乐。

中南百草原是安吉的一处国家4A级景区，拥有森林、草原、湿地、竹海等丰富的生态资源，来这里可观赏十八个园区中的2000多种植物，同时也可以挑战各种户外项目，如攀岩、漂流、卡丁车等。

浙江杭州·千岛湖梓桐溪谷营地（ABC Camping Village）

地址：浙江省杭州市淳安县杭州千岛湖梓桐生态养殖场

如果你想枕着流水声入眠，那么千岛湖梓桐溪谷营地一定是你体验这种森林"白噪音"的不二选择。这里处于深山溪谷之中，营地呈一条细长带状，随着后方的一条溪涧蜿蜒至深处，山泉叮咚作响，晚间时而遇见萤火虫，为露营者带来自然深处的感官体验。

这里的规划、设施简约不失精致，可容纳72人的印第安帐篷既是咖啡

我们去露营吧！

馆、酒吧，也提供基础的户外用品贩售，中心有一个小水池，供孩童玩水或尝试桨板活动。倘若你喜欢徒步，那么不用再去往别处，沿着营地往后山走，有一条长约4公里的森林徒步路线，繁多的植被种类、曲折的山径及错落的溪水，让徒步的过程充满趣味。

探索营区周边：

千岛湖风景区

距营地约54公里，驾车1小时13分钟

来到淳安露营，一定不要错过千岛湖风景区，这里的名气丝毫不亚于杭州市内的西湖，并且相比西湖，这里有更多户外资源可供探索。顾名思义，这座中国最大的人工湖中，罗布着1078座大小各异的岛屿，你可以选择其中一些著名的岛屿浏览，如梅峰岛、猴岛、龙山岛等，也很建议在周边找家皮划艇俱乐部，以户外的方式探索这些曲折回环的水径，探访那些无名神秘的小岛和浅滩。

千岛湖沪马探险基地毗邻千岛湖，拥有独特的山水自然资源，可在此体验以山地探险为主题的户外项目，包括玻璃栈道、丛林索道、ATV越野摩托等一系列刺激有趣的项目。这里还有为垂钓爱好者打造的龙川湾千岛湖国际垂钓中心，位于千岛湖西南湖区，分四大钓区，渔业资源丰富，一边钓鱼、一边坐拥湖光山色，感受江南鱼米之乡的风貌。

除此之外，登山徒步、环湖骑行也是热门的旅行项目，在这个度假胜地、森林氧吧有无数放松身心的途径。

浙江湖州·莫干山小野公园营地

地址：浙江省湖州市德清县莫干山镇仙潭村

在这里露营，你会有种群山环绕之感，小野公园营地正处于茶山之巅的一处高地，虽在海拔600米的山顶，但淋浴房、卫生间、供电、咖啡吧等设

9 关于露营的旅行

施一应俱全。到这里的方式十分便捷，可以直接将车沿山路开至露营点，一路上还能浏览莫干山的秀美景观。

计划一次两天一夜的行程，不妨来纵览群山，赏云海、夕阳，度过一个远离喧嚣的露营之夜。

探索营区周边：

莫干山

莫干山是江浙沪一带著名的度假胜地，山势并不险峻，但山峦绵延起伏，竹林遍布，飞瀑流泉数不胜数，具有浓郁的江南色彩。很多人选择来此疗养、避暑，通常选择民宿，近些年露营大热，山中建有多个营地，为户外爱好者提供更贴近自然的过夜方案。别错过漫山遍野的好风景，打卡其间的人文历史景观，或是租一辆自行车沿山路骑行，慢下来欣赏"竹径数十里"

199

我们去露营吧！

的魅力。这里也是国内TNF越野跑比赛的赛场之一，可以尝试越野跑加露营的玩法，将野趣进行到底。

江苏宜兴·宅野宜兴光明小镇营地

地址：江苏省宜兴市丁蜀镇光明小镇

在江苏境内找一处依山傍水，又能享受轻奢露营方式的营地，宅野是上佳的选择。这处宜兴近郊的营地栖息在宜兴市郊的一处水泽，现占地1.5万平方米，分为自带帐篷区、帐篷酒店区以及轻奢的湖景木屋三种露宿选择，木屋带有空调设施，即使在炎热的夏季，依然可以来造访自然。你可以在这里玩皮划艇、桨板等水上运动，旁边还有一处户外拓展基地，可畅玩户外游乐设施。

9 关于露营的旅行

探索营区周边:

善卷洞风景区

距营地约18公里,驾车25分钟

　　江苏省内少有的溶洞,宜兴旅行不容错过的打卡点。位于宜兴西南山区喀斯特地貌区,除了善卷洞,知名的还有张公洞和灵谷洞,并称"宜兴三奇",若要选一处参观,推荐前者,规模较大,最具代表性。景区分上、中、下洞以及水洞,洞洞相通却形态各异。穿行其间,既有钟乳石奇观,又有飞瀑倾泻、小桥流水、森林梯田等景象,而在水洞,可体验一回地下河泛舟的特殊游览方式。

我们去露营吧!

宜兴竹海风景区

距营地约16公里，驾车20分钟

近1.5万公顷竹林连成的竹海，一阵风刮过，可见一番波涛翻滚的壮观景象。这里的山径很适合徒步，可以花数个钟头在竹径通幽处穿梭，流连于碧潭和翠色如画的山峰，其间还有禅寺、飞瀑、栈道等，构成一幅中国水墨画的意象。竹，可以说是宜兴最标志性的特产，若恰逢春日雨后时节，随处一家农家乐，便可以品尝一顿由鲜笋烹煮的佳肴。

江苏南京·佛手湖营地

地址：江苏省南京市浦口区佛手湖郊野公园（北二门）

营地位于南京佛手湖郊野公园内，这里距主城区仅30分钟车程，却俨然一派山湖辉映，花木繁盛的原生态气息。借由佛手湖天然环境资源，营地不定期组织各种自然教育讲座，在露营同时，分享自然科学知识和环境保护理念。想玩水上项目但零基础？没关系，这里会有专业教练指导，入门、进阶一次性完成。

探索营区周边：

夫子庙

距营地约22公里，驾车30分钟

来到六朝古都南京，除了钟灵毓秀的自然风光，当然也要打马一趟江南文脉，才不虚此行。逛一逛"十里秦淮"，追溯旧日江南富贵风流之地。沿河畔悠游，夫子庙、江南贡院、乌衣巷……一路经过众多诗词与历史中描绘过的景点，看它们以另一种样貌在今日的南京城焕发新的风采。别光顾着赏景，这里也集结了诸多南京名小吃，鸭血粉丝、梅花糕、汤团……可以从早吃到晚。最后记得留下来观赏夜色，梦回朱自清笔下那个桨声灯影里的秦淮河。

沿着海岸线露营

海岛旅行，满足了人们对度假一词的终极想象。与海滩有关的一切都包容着你在一种蔚蓝色的氛围中发懒：阳光、浪涛、沙滩、椰子树和咸咸的海风……睁开眼就能看见这幅令人无比松弛的画面。不一定需要海景房，去到帐篷营地，可以更靠近这片大海。

我国拥有约300万平方公里的海域和3.2万公里长的海岸线，从北至南，你会遇见特质各异的海滨。山东半岛三面环海，海岸线辽阔蜿蜒，有着著名沿海城市日照、青岛、威海、烟台……在这里，城市与海景相互融合，你可以从那些布满历史遗迹以及文艺清新的街道，一路散步至某座海滨公园，再找一处码头，饱餐一顿海鲜。更难得的是，这里的气候总那么恰到好处，冬天不太冷，夏天可避暑，海风就如同啤酒泡沫般清爽。

不过，若想感受热带海洋的气息，索性飞往海南岛吧！成片的椰林、玻璃质地的海水，这座岛屿充满热情与魔力，将你瞬间带入无忧之地。相比价格高昂的度假酒店，预订一顶海岸营地的帐篷，更方便你随时奔向海滩。营地还提供各种玩乐设施，如沙滩排球、冲浪板，以及音乐不断的海边酒吧。

这大概是能想到的最浪漫的露营场所了，拉开帐篷，去做第一个看见海上日出的人吧。

山东日照·漫布繁星林海露营地

地址：山东省日照市海滨国家森林公园

营地坐落在日照海滨国家森林公园内，拥有得天独厚的自然生态环境。一面是郁郁葱葱的上千亩森林景观，一面是7公里长的海岸线，树木环绕，营地藏在广阔森林深处。

我们去露营吧！

可以选择自带帐篷或拎包入住，除了舒适轻奢的住宿体验，这里还有餐吧提供餐食、酒水及咖啡，森林影院会让你在森林中享受一个声色俱佳的浪漫夜晚。虽然无法开车直接抵达营地，但营地提供接送服务，会往返景区入口处，也可以带你观光整座森林公园。

探索营区周边：

日照海滨国家森林公园

这里地处黄海之滨，长达7公里的海岸线沙质柔软，海水洁净清澈，是中国北方最受欢迎的天然海滨浴场之一。在这里不妨尽情踏浪，吹着海风，感受潮起潮落的韵律，也可以租一辆脚踏车，沿着海岸线骑行，从海域骑向山林。

山东青岛·禾与野 Seaity Camp 城海营地

地址：山东省青岛市崂山区香港东路466号（原石老人高尔夫球场）

禾与野Seaity Camp城海营地位于青岛市崂山区原石老人高尔夫球场，

我们去露营吧！

此处拥有全国顶级的高尔夫级别草坪，距离市中心车程仅20分钟，面海临城，坐拥无敌海景和繁华灯火，是目前山东甚至整个北方最大最美、交通最为方便的露营地。营地以"山野湖海"为载体，将主理人对美学、自然的感受融合到每一个野行时刻。

这里极适合想通过露营的方式享受一段静谧时光的人。看一个午后的潮涨潮落，发会儿呆，隔岸观望城市的一弯天际线，时光在此刻慢下来。倘若喜欢聚会式的露营，可以报名参加营地不定期举办的露营主题沙龙，在大海蔚蓝色背景中感受一种"郊野客厅"的浪漫与趣味。

探索营区周边：

崂山风景区

距营地约13公里，驾车20分钟

崂山为中国海岸线第一高峰，也被誉为海上"第一名山"，不仅拥有依山傍海、海崖绝壁般壮美的自然景观，同时也是中国北方道教胜地。可以在这里进行一次登山之旅，沿着当地驴友开发成熟的线路，一路挑战自己的体能，欣赏崂山的自然风貌，顺便讲一讲蒲松龄《聊斋志异》中关于崂山的志怪故事。

海南陵水·伯曼奢野清水湾露营地

地址：海南省陵水黎族自治县清水湾大道雅居乐清水湾瀚海银滩

营地位于陵水县清水湾，毗邻长达12公里的海岸线，其间可同时搭建上百顶帐篷，是目前三亚承载量最大的营地。从24小时热水淋浴间到具有海岛风情的沙滩酒吧，硬件设施与贴心的服务一应俱全。

我们去露营吧!

来此尽情感受岛屿的热浪与欢愉吧,从营地即可搭乘游艇或帆船出海,潜水爱好者也绝不要错过加井岛的浮潜体验,这里的海水清澈见底,水下分布着五彩斑斓的珊瑚礁和品种繁多的热带鱼,如同进入一座海底乐园。

探索营区周边:

清水湾

这里有整座海南岛最清澈的海水,也因此而得名。沙滩细软,踩在上面会发出银铃般的声响,被誉为"会唱歌的海岸"。在这里大可奔赴那些最为烂漫的水上运动,游泳、冲浪、海上桨板……文艺的玩法,则是打卡周围的海滨秋千、灯塔、尖顶教堂等一众热门景点。

海南琼海·天空下的小熊营地

地址:海南省琼海市博鳌金湾滨海草坪

天空下的小熊营地坐落于海南省琼海市博鳌金湾滨海草坪,近处是12公里长的金湾海滩海岸线,在这里可以无限畅享海风、海浪以及岛屿上充盈的阳光。

营地提供亲子露营、摩旅露营、汽车露营等不同露营模式,满足风格喜好不同的露营者。营地配有空调、淋浴间、户外烧烤等设施,除此以外,别错过任何一次冲向大海的机会,拿起冲浪板去逐浪、坐帆船去海钓或是来次探索广袤海洋深处的浮潜,蔚蓝色的大海会让你忘了一切烦

我们去露营吧！

扰，尽情挥霍一场海滨时光。

探索营区周边：

潭门

距营地约2.4公里，驾车5分钟

　　潭门是琼海下辖的一座小镇，居民以渔民为主，一些传统文化被原汁原味保留下来。这里不大，可以跟着路面上的指示牌进行观光，潭门赶海公园、南海文化馆、船屋旅馆……一个个景点将你带回这个小小渔港的往昔岁月。别忘了最后在潭门海鲜码头饱餐一顿由渔民当天捕捞上来的海鲜。

特别感谢

撰写本书时，正值江浙的三伏天，宅在屋子里能有一件明确而具体的事情可做，也算是一种幸运。其间和朋友驱车到周边的郊野公园露营，满山满谷的绿色中，独有我们一顶帐篷扎在浓荫里。天很给面子地下了一会儿雨，很快，四周回归燥热，蝉声此起彼伏。

40℃的气温，露营活动不免有点像行为艺术。但即便发出"到底没有空调不行"的感叹，也再度认证春秋果然还是最适合大众露营的季节，热衷露营的人也总按捺不住随时要奔向自然的心。

在余下无法露营的日子，便乖乖待在空调房里，聆听多位露营者的露营故事。

在"我要我的露营方式"一章，有幸采访到国内最早接触到Glamping的资深媒体人杨天祥，在宝贵的午餐时间，他向我讲述了Glamping的"前世今生"，并在如何归总"Glamping""Bushcraft"等概念上，给予了专业意见；卡卡则是BC露营玩家，聊天中信号时好时坏，总感觉他正身处西南地区某个洞穴里给我打的电话；另一位"露营狂人"大三向我叙述了他的冬季露营故事，其中做饭的桥段甚至值得另起一章娓娓叙述；尚处于房车露营之旅中的阿猴和小墨，没什么比他们的公路见闻更让人迫不及待地想打包装备，即刻上路的了。

而"露营穿搭"和"如何打造我们的野外厨房"章节中，感谢田凯、嘉嘉、格里戈里三位达人展示了他们的"露营衣柜"，除了满足实用性之外，还给出多种百搭时髦的穿搭方案，其中嘉嘉和格里戈里还提供了她们野外料理的照片。我的老朋友曾小朵，则大方地分享了她glamping风格的美食照片，这位爱笑的姑娘做的户外餐食，一如既往地给人幸福之感。

此外，感谢"关于露营的旅行"一章中的13处营地，以及洞穴露营爱好者关键和冬季露营玩家梁辉为本书提供相关图片。

在此，还要感谢铁南崽老师，让我们使用她的照片而创作的插画作为本书的扉页。

听不同的人分享自己的露营理念是一件愉快的事，我们在内心深处获得共鸣，也因各自的偏好、风格、经历的不同而产生诸多差异，正是这些差异，给予了内容上更多元的视角和更丰富的打开方式。

露营或许不该有所谓的"专家"——那些告诉你"这是露营"或"那不是露营"、指导你"应该"或"不应该"的人。在每个人身上产生独特而不可复制的体验，这是户外露营的魅力所在。这些一次次向自然中走去的人，因为热爱，使他们在露营方面顺理成章地成了践行者、洞见者和传播者。

再次感谢以上的朋友们！

宗祖慈
2022年12月29日